青少年红色读本

百读不厌的经典故事



# 江姐的故事

杨益言○著

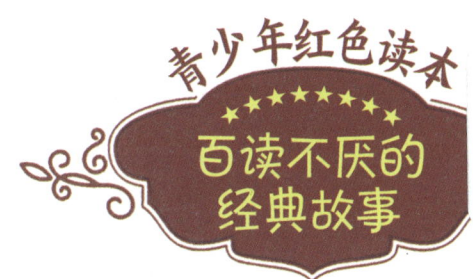

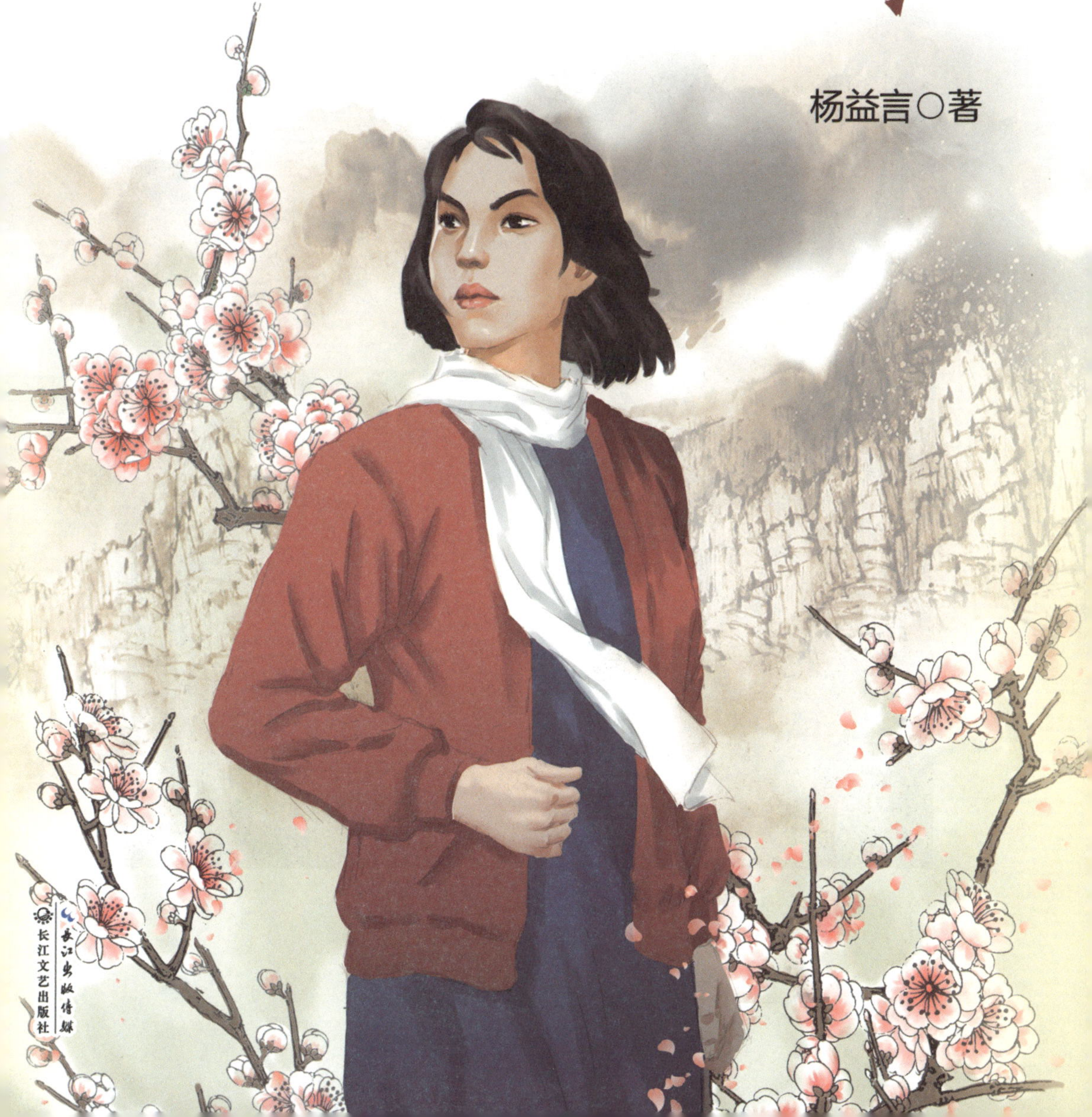

长江出版传媒
长江文艺出版社

# 目 录

| | |
|---|---|
| 她的家 | 1 |
| 她童年时的路 | 5 |
| 孤儿院小学的跳班生 | 9 |
| 她的好同学何理立 | 13 |
| 丁老师 | 15 |
| 希望 | 22 |
| 她的革命引路人 | 26 |
| 新市区区委委员 | 34 |
| 江姐 | 39 |
| "彭太太" | 42 |
| 意外 | 47 |
| 独立作战 | 52 |
| 大学生活 | 55 |
| 暴风雨 | 58 |

| | |
|---|---|
| 第二条战线 | 63 |
| 《挺进报》 | 69 |
| 联络员 | 73 |
| "江姐,你为什么呀?" | 79 |
| "江姐,你想到哪儿去了?" | 84 |
| 突变 | 89 |
| "共产党员的意志是钢的" | 95 |
| 黑牢歌声 | 102 |
| 风风雨雨 | 107 |
| "为了免除下一代的苦难" | 113 |
| 曙光 | 117 |
| 新天地 | 124 |
| 难题 | 129 |
| 决策 | 135 |
| 送别 | 138 |
| 胜利和牺牲同时来临的时刻 | 143 |

# 她的家

江姐的真名叫江竹筠,她的老家在四川省自贡市大山铺朱家沟。

那是一片丘陵起伏不平的地方。山峦重叠,树林茂密,景色秀丽。清清的溪水穿过弯弯曲曲的竹林,日夜不停地流向远方。江竹筠就出生在朱家沟的两间破旧草屋里。

她的父亲名叫江上林,她的母亲名叫李舜华。江上林是个不爱劳动、到处东游西逛、游手好闲的人。他和李舜华结婚后不久,就离开自流井,流浪到了重庆等地。他一会儿就又变换一种职业,但他在哪里也待不了多久,就又要奔走他方。他三五年才回家一次,住不多久,就又走了。江竹筠从记事的时候起,就只知道是跟着妈妈李舜华长大的。

李舜华的父亲名叫李焕章，是个木工，住在距朱家沟不远的关刀石。李焕章家有八个儿女，木工的收入很难养活这么多儿女，他们家的孩子不论年纪大小，从小就都得为生活奔波，有的沿街去叫卖"麻糖杆"，有的则去捡烂菜、拾煤炭花，来勉强维持全家人的生活。

李舜华生于一八九五年，那是腐败的清王朝统治中国，中国已沦为半殖民地半封建社会的年代。随着外强的入侵，洋人已来自流井修建教堂，传播基督教。因李焕章替教堂做工，十分老实勤恳，得到教堂主持人赏识，被留在教堂打杂、看门，生活状况好了一些，才使李家的子女有了读书的机会。但李舜华也只是读了两年书，不到十八岁，她父母就将她嫁到江家去了。

江竹筠两岁时，妈妈又生了个弟弟江正榜。她妈妈独自一人抚养着姐弟俩，生活是极艰难的。小时候，她就得学着带弟弟玩；几岁以后，就跟着妈妈到田野上去打猪草、拣粮食，回家就帮妈妈烧火煮饭、煮猪食。

再大一些了，看见别人家的孩子上学，江竹筠也想上学，可是她看见妈妈那么辛苦，就总想帮妈妈做点什么。

只有到她外婆家去的时候，江竹筠才有了一点见世面的机会。外婆和幺姨都喜欢她这个眼睛大大的、不大讲话的小姑娘。幺姨上过教会办的小学，知道清代末年、民国初年的许多故事，她就喜欢听幺姨讲那许多小故事。幺姨也常爱带她上街去玩，使她看到了街头上许多奇奇怪怪的事，她总想向幺姨询问，而幺姨也总是说不透彻。这些事真是多极了,她总是不明白:一个肥壮的白皮肤外国人,为什么要由四个瘦弱的中国人用轿子抬着,气喘吁吁地在街上飞跑?沿街都是面带饥色、骨瘦如柴的叫花子,为什么街上竟有那么多鸦片烟馆、赌博摊子?……

江竹筠愿意上街玩,但每一次留在她心底的,竟是这样一些自己难以解答的问题。

一九二〇年八月二十日出生的她,在外婆家玩耍时才不过七八岁,她当然不可能知道那是半殖民地半封建中国社会的普遍情景。帝国主义列强对中国无尽的压迫和掠夺,国内封建军阀连年不已的混战,所有这一切造成的负担,全部转嫁到了人民头上,除了强征的夫役、壮丁之外,赋税一加再加,老百姓一年得向当局缴纳几年的赋税……

江竹筠八岁那年,自贡一带遇上了罕见的大旱灾。土地干裂成了一块块的,田里的禾苗被火辣辣的太阳晒成了焦黑的一片枯柴。种在土里的红苕苗、高粱苗,越长越小,最后也变成一片焦黑的柴草。到处没有吃的,到处饿死人。

李舜华抬眼望着干旱的天,低头凝视着干枯的土地,搂着竹筠和她弟弟,真不知这世上哪里有他们的生路?!

一些人拄着拐杖,捧着辘辘的饥肠,到远方投亲去了。

江竹筠的外婆早已离开关刀石,搬到重庆三舅李义铭家去住。外婆也曾来信,叫他们去重庆。

三舅李义铭家会收留他们这家穷亲戚吗?重庆那个地方还会有

别的生路吗？李舜华不知道，但她没有别的办法了，只得拖着一双儿女举家出走，离别朱家沟，向遥远的长江边上的大城市——重庆走去。

## 她童年时的路

江竹筠跟着妈妈，带着弟弟，拖着疲惫不堪的瘦弱身体，到了重庆，找到了三舅的家，也见到外婆了。

外婆见到他们，高兴地流出了眼泪。江竹筠觉得，外婆还是疼爱自己的，但她同时却又觉得，三舅的家不是外婆的家，是三舅和三舅母的家，在这个家里，外婆还得听三舅和三舅母吩咐。三舅和三舅母像是另一家人，他们是有钱有势的另一种人，他们把江竹筠母子的突然到来当作一种包袱；要不是外婆庇护着，他们母子早被三舅逐出门外去了。

三舅李义铭是李焕章几个子女中最机灵的一个。他靠着父亲李焕章替教会诚恳服务，得到教会的赞助，才不再在家乡做小生意，而是上了学,从小学一直读到大学,成为华西大学的第一届毕业生。

在华西大学,李义铭是个很勤奋的学生,他的学业成绩也是很好的。正因为这样,他从华西大学毕业后,就在重庆谋取到了一个极好的职业:在教会办的宽仁医院当上了医生。

基督教里有这样两派主张和人物,一派叫社会福音派,一派叫灵修派。社会福音派强调办社会福利事业来扩大教会的实力和影响,如开办医院、学校、青年会等。李义铭就是靠着社会福音派上学、当上医生的。但当上医生以后,他却又发现有可能使自己争取到更加美好的前程:那时重庆西医甚少,西医对外伤的疗效明显;加之,正值军阀连年混战不已,各派军阀势力中受伤的官佐来重庆就医的人不少,医治外伤的生意十分兴隆。他如果不在宽仁医院干,而在外面自行开业行医,他每月的收入肯定远比医院的六十块银圆多得多。但按照教会规定,李义铭要离开宽仁医院自行开业,就必须向教会偿还学习费。他偿还了学习费,随后以他华西大学高才生、宽仁医院医生的招牌,和刘湘系军阀在重庆的当权人物相勾结,在小什字开设了义林医院。接着,又以"田园会"基金的名义,将观音岩下的一大片土地夺到了手。李义铭在观音岩依山修建了一座义林医院,后来又利用观音岩下那一大片荒地搞起了房地产生意。随着重庆城市建设的发展,地价猛升,李义铭更是一年不同一年。发了大财的李义铭,慢慢地,也就不再行医,而总是盘算着:怎样利用他人,为他进一步发财效力。

江竹筠的妈妈,也看出了李义铭的这个变化。只是因为外婆年老多病，需要他们母女照顾，才勉强住在三舅家。尽管舅母有时甚至在吃饭时也随意发火，将江竹筠的碗筷突然抢去，江竹筠的妈妈也只好忍着。

过了两年，外婆去世了。李舜华便去东水门租了间房，搬到那里居住，靠针线活过日子。恰巧，江上林在蜀通轮船公司的一条船上找到了工作。可以多少给家里一点帮助，让十岁的江竹筠和八岁的弟弟就近上小学读书。不幸的是，他们就只上了半年多，蜀通轮船公司破产，父亲失业，独自回家乡去了，他们姐弟二人，就很难再继续上学。

李舜华四处托人，在南岸大同袜厂找到了工作。大同袜厂有童工，江竹筠知道妈妈一人做工养不活三人，为了让弟弟能继续上学，她便跟妈妈一道去袜厂做工。她们母女将弟弟送进孤儿院读小学。

江竹筠十岁了，但她身体矮小，还没机器高呢！厂里特地为她准备了一只高脚凳。江竹筠从小就有爱劳动的习惯，从不怕苦怕累。她手眼灵巧，很快就掌握了织袜的操作技能，产量质量都不比成年工人差。但她从厂里能领回来的工钱，还只能是一份童工的微薄工资。

江竹筠做了两年童工，每天工作十二小时。她年纪毕竟太小，身体拖垮了。弟弟又在孤儿院病了。妈妈不想让江竹筠干了，想让她回家照顾弟弟，老板却算计着她是童工，工资低，工效和成年工一样，就不愿她退工，说要退母女一齐退。不巧的是，妈妈患了重病，母女只得从袜厂退了回来。十二岁的江竹筠，这时不仅要替妈妈治病，还要照顾生病的弟弟。

江竹筠这时候也真难啊！幸好，妈妈的病终于渐渐好了些。但，将来又该怎么办？她只觉得，眼前是一片黑暗。

忽然，在江竹筠眼前闪现出了一点光亮。她想不到，这点光亮竟是从她三舅家闪现出来的。

原来，三舅家已迁去观音岩的新房子，他的小儿子需要人管教、照看。那年头，重庆还没有托儿所，有钱人家时兴请家庭教师管教自己的孩子。精于盘算的三舅和舅母立刻就想到了：如果让粗识文字、又会料理家务的李舜华去他家照看、教育小儿子，让江竹筠姐弟去孤儿院上学，他们不是可以不花一分钱，就雇到一个可靠的家庭教师和保姆了吗？因为，他们明白：凭着他们和教会多年的关系，他们尽可以让姐弟俩去孤儿院免费上学。而且，他们和李舜华毕竟是至亲，他这样做，在社会上不是还会博得一片好名声吗？

李舜华也知道李义铭的这番心思。但她想到江竹筠姐弟，想到江竹筠看见别人家孩子背着书包上学时那副羡慕不已的神态，她抚摸着自己幼小儿女的头顶，不禁慨然允诺道：

"只要能让他们姐弟上学，我还说什么呢？何况，我们这么亲！"

江竹筠也不禁高兴地对弟弟说道："我们又要上学了！为了妈妈，我们可要好好学呀！"

## 孤儿院小学的跳班生

江竹筠就要到孤儿院小学读书去了。

江竹筠心里高兴,妈妈心里也高兴。妈妈把一身洗得干干净净、折叠得平平展展的蓝布衣服拿出来,一边递给江竹筠,让她穿在身上,一边笑着对她嘱咐道:"你就要上学去了。学校就在观音岩坎下。地方不远,来去方便。我知道,你会用功学习的,我不担心。不过,你是姐姐呀,弟弟跟着你去上学,你可要多照顾他一点才是。"

江竹筠一边穿衣服,一边却想起许多往事。她不愿妈妈看出她在想那些令人心酸的往事,把脸转向了一边……

那是山城重庆一个少有的晴朗的日子。她小心翼翼地将饭桌上的碗、筷、碟、汤瓢一一摆好，又帮着妈妈将一盘盘菜、一碗碗饭在每个餐位上放好。妈妈满意地看了看她，她就觉得自己可以回到厨房去吃饭了。却想不到，她盛了一碗饭给妈妈，又给自己盛了一碗饭，就听见坐在饭桌边的三舅母在叫她。她放下饭碗，抬眼就看见三舅母不知为什么竟黑着一张脸，忽地将筷子在桌沿上敲了一下，口里吐出了两个字："茶呢？"

江竹筠立刻起身，将茶杯给三舅母送去。然后，就又回到厨房，端起饭碗吃饭。

窗外，传来一阵青少年的欢笑声和轻快的脚步声。这正是学校放学的时候。她明白，窗外的欢声笑语，正是那些有幸在学校读书的学生发出来的。

江竹筠手上捧着饭碗，却忍不住站在厨房墙边的石梯上向窗外看去。她一眼就瞥见了那一群群使她羡慕的提着、背着书包的学生，跑着，跳着，正从街边走过。

她就只这么看了一眼！却不料一只有力的手突然将她从石梯上推了下来，她正担心手上捧着的碗可能由此会被摔破时，却不料碗已被夺去，"哐啷"一声被扔在了灶台上。

"你看，你看什么？！成天就盯人家的书包，你未必还有上学那福分！谁还给你饭吃！"

三舅母抢了她的饭碗，又对着她和她妈妈、三舅吼了起来。

她不想让妈妈难堪。不给饭吃，就不吃！她没有哭，也没有讲话，将手中的筷子扔在灶台上，大步走出门外。

跟妈妈搬去东水门那年，道门口小学新学期就要开始了，同学们在家长的带领下，正高兴地在校门口报名、缴学费、领课本。在这里念了半年的小竹筠也来了，但她是独自一人悄悄来的，父亲失业了，她已不能再上学。她去学校只是远远地看着校门口进进出出的同学们，心怦怦地跳个不停，总是像在问着自己："你，还有上学的机会吗？"

妈妈见她换好了衣服，就把一只用旧布拼凑缝起来的书包塞在了她手上。沉甸甸的书包里，装着纸、笔、课本和砚台。那都是妈妈更深夜静时，靠做针线活挣来的钱买的。

妈妈也给了弟弟一个同样的书包。江竹筠替弟弟背好书包，真想说："妈，为了你，我们也要认真学习，不能辜负了你的这一份心呵！"可她觉得心酸，什么也说不出来了。

教会孤儿院办的这所学校是一所全日制小学。学生分公费生、自费生两类。由于办学比较认真，聘请了一些有经验的教师，学校办得不错。公费生是由教会保送去的经济困难家庭的儿童。自费生则是一些家境较富裕的父母，为了让孩子学得好些，特地送去的。自费生收费较高，这也给学校发展带来了许多实际帮助。它当时正处在兴旺发展期，里面就读的学生不少并不是孤儿。

江竹筠每天都按时起床，准时到校。上课前，她总是抽时间将课文预习一遍。老师讲课，她总是专心听讲，生怕听漏了老师讲的每一个字。有练习作业，她总是按时完成。

这所学校有一条规定，每学期举行三次考试，考试成绩特优者升级。特别勤奋好学的江竹筠,连升三级,仅用三年半时间,就学完了小学的全部课程。这样,她不仅成为孤儿院里有名的跳班生,而且学业成绩也名列全校第一!

## 她的好同学何理立

在孤儿院小学里,江竹筠认识了许多同学,也有她特别要好的同学,这就是她同班同学何理立。

她们相好的原因,非常简单。

第一,她们学习都特别勤奋。江竹筠是学校里的跳班生,何理立也是跳班生。她们每次跳班之后,学习也都曾碰到过困难:数学课突然觉得吃力了!她就和何理立相约:当天上的课,当天一定得学懂;不在教室里做完当天的数学习题,决不离开教室。

第二,她们都有学习更多文化知识的强烈渴望。特别是进入这所学校的高年级时,课堂上的那些课本内容更越来越难以满足她们强烈的求知欲了。她们就相约去向老师请教,借课外书籍来读。只要打听到某个老师有什么书，不管是些什么书，大本的，小本的，她们都要想法去借来看。

第三，随着知识的增长，她们的兴趣越来越广泛，也越来越一致了。

她们有许多相同的兴趣：爱读诗，也想学着写诗；何理立喜欢唱歌，江竹筠也喜欢唱歌，她们有时竟跑到江边，面对滔滔流逝的江水，尽情地放声歌唱……

渐渐地，随着视野的扩展，她们的目光不仅看到了同学间的许多事，而且哪个老师怎么样，重庆城街头巷尾为什么会出现这样那样的变化，她们之间也都无拘无束地议论开了。

正是这些原因，使她们常聚在一起，使她们觉得彼此间有那么多共同语言，成了互相信赖的特别要好的同学。

# 丁老师

那是一个使正在长大的一代人热血沸腾的年代，也是一个让无数人痛楚、困惑的年代。

历史课使江竹筠她们大大开阔了眼界。英帝国发动的侵略中国的鸦片战争，八国联军攻陷北京，一再向中国索取巨额赔款、攫取中国主权的行径，使她们感到极度的耻辱和愤慨。日本帝国主义强占台湾，强夺中国东北三省，又步步向中国华北进逼的疯狂侵略行动，使她们热血沸腾，激起了挽救民族危亡、洗雪国耻的强烈责任心！但在校园里，在重庆，她们能看到的，却又总是让她们觉得痛苦、不安和强烈的困惑。

课堂上讲的是，中华民族正在遭受帝国主义列强的欺凌，中国正被列强瓜分和肆意宰割。但，这似乎只是在课堂上讲讲而已。怎么办？校园里静悄悄的，仿佛和这一切没有一丝一毫关系。

偌大一个重庆，仿佛和这一切也没有一丝一毫关系。不仅如此，靠近学校的通远门城墙上用红绿油漆画的巨大宣传画，它想向人们宣示的却是另一些事。

那宣传画留在她们心里的，只是一幅令人心悸的恐怖形象。画面上，是一个巨大的青面獠牙的怪物，它长着可怕的红眉毛、绿眼睛、长牙齿，它正直盯盯地盯着过往行人。她们不知道世上是否真有这种怪物，却听人说：这就是"共产党"。

渐渐地，江竹筠她们在学校里也听到这种种传闻了。不过，也有和街头上说的不同的。说那画的是川陕苏区的工农红军，那是共产党的队伍，穷人都去投奔它，有钱人对它却怕得要死……

大街上那些耸人听闻的宣传画，和校园中的传闻，就是这么大不相同。在日本帝国主义正大肆向中国扩大侵略的今天，为什么全是这样稀奇古怪的传闻，就没有奋起抵抗、挽救民族危亡的英雄消息呢？江竹筠不明白，何理立也不知道。她们直觉得烦恼，直觉得困惑。

但她就想弄个明白。这时，很自然地，她们就想起了一个人，这就是她们的级主任丁老师。给她们上语文课的，是他！教她们知道帝国主义列强侵略中国历史的，是他！给她们讲述秋瑾、顾正红、刘和谦的英勇故事，使她们心潮澎湃不已的，是他！当她们想阅读课外书籍时，最先借书给她们的，不也还是他？！

她们还想起来了：当她们发现小学里的老师们，有的也跟着街头宣传画骂共产党时，丁老师只是听着就是，他从不曾讲过共产党一句怪话。

她们还记起来了：她们去向丁老师借书看的时候，无论借几本，他都立刻慷慨应允了。但有几次，丁老师从抽屉里翻出几本包着神怪小说封面的书，慢慢放在她们面前时，却很严肃地叮咛她们："只能在这里看，不能拿走。"她们翻开书上那些神怪小说的封皮，却见里面包着的是这样一些书：郭沫若的《匪徒颂》、鲁迅的《狂人日记》、蒋光慈的《鸭绿江上》。

她们还记起来了：她们在丁老师的房间里，正如饥似渴地阅读那些她们似乎又懂、又不全懂的书籍时，丁老师一边耐心地给她们讲解，一边还告诉了一些她们从不曾留心过的事情。这就是，要她们注意坏人——别动队①特务盯梢、告密！

江竹筠她们当然不可能知道，当时的四川正发生着这样复杂曲折变化的历史：中国工农红军四方面军在1932年冬从鄂豫皖边转移到川陕边来了！由王维舟同志领导的川东游击军开去川北，成立了红军三十三军，和红四方面军会合，已在川北建立了川陕苏区。四川大小军阀深恐自己的防区受到威胁，又眼看自己不是红军的对手，就由四川最大的军阀刘湘出面，联合全国最大的军阀蒋介石派中央军入川来共同剿共。这正是蒋介石求之不得的事，他正想将他的势

---

① 指离开主力单独执行特殊任务的部队。——编者注

力扩展到四川来呢。所以，蒋介石随即就将他的参谋团、别动队派遣进川来了，中央军也随之进川来了……

但江竹筠她们却知道：重庆街头上，每天天不亮时，就有一支人数众多、穿着皮鞋、高声呼叫着"一、二、三、四"的晨呼队，这就是别动队的队伍。在通远门城墙上，用各色油漆涂抹的那青面獠牙怪物，也都是别动队的人干的！

这一次，江竹筠她们要去向丁老师请教时，就不能不特别注意了。她们一边急匆匆地向丁老师的住处走去，一边却又不得不十分小心，看看四周有没有可疑的特别人物。

不好了！就在孤儿院小学教师宿舍对面，那儿有一个小山丘，山丘上不正站着两个穿黄色军装、穿大皮鞋的别动队员？这两个家伙东张西望什么？！

一定得告诉丁老师注意！可是，不能在这个时候就去，只有等到这两个家伙走开了，才能到丁老师那里去。

等呀，等呀。她们坐在一棵大黄桷树下，复习了一遍课文，那两个家伙还在那里东张西望。直到她们将课文复习了五遍，天快黑了，才看见那两个家伙走了，远远地走了。

怀着怦怦剧跳的心，她们悄悄走到丁老师屋里，才将刚才她们亲眼看到的事告诉丁老师。

"丁老师，你不是要我们特别注意别动队告密、捣鬼吗？"江竹筠小声问丁老师。

"是呀！"不过，丁老师这时对她们讲的事似乎并不怎么在意，

而且告诉她们:"我早就看见他们在那里活动了。他们已来过十几次了。这一次,好像还看不出有什么特别的意思。"

江竹筠回到家里,还在想着这事。

第二天放学时,她不经意地又瞥见有三两个别动队的人影在那小山丘上晃动。

又隔了两天。又是下雨,又是大雾天。这天上午的课,很重要,是丁老师上的语文课和历史课。

江竹筠走进了课堂。同学们全进了课堂。课堂上坐得满满的。

上课铃响了。丁老师该来了。可是,隔了许久,还是不见丁老师的影子。

丁老师是病了,还是出了什么事?江竹筠不知道,何理立也不知道。江竹筠从何理立的眼色中,仿佛觉得:那不该出现的事,也许真的竟出现了!

孤儿院小学校长终于解开了这个谜,说丁老师的课,以后由另外的教师上。

"丁老师呢?"

同学们叫了起来。

"丁老师不能再来上课了!"

"为什么?为什么?"

"他因有共产党嫌疑,已被别动队逮捕,军事委员会重庆行营已正式通知了学校。"

同学们又一齐惊叫了起来。

江竹筠不知道另外的代课老师在这一堂课上，究竟讲了些什么。

下课以后，江竹筠看见：直到代课老师远远离开课堂了，同学们才开始七嘴八舌地议论："嘀，丁老师是共产党。那共产党不就是最好的好人，最好的好老师吗？""那，抓最好的丁老师的人，不正是最坏的坏人吗？！"

从此，江竹筠和何理立每次见面，都谈到丁老师。于是她们就想去找丁老师。

可是偌大一个重庆城，她们去哪里才能寻到丁老师的踪影呀？！

后来，她们打听明白了些：丁老师是被别动队、重庆行营秘密逮捕的，他肯定被关在别动队、重庆行营的什么秘密地方。可她们怎么也打听不出那秘密监狱究竟在哪里。

直到江竹筠她们就要从这所学校毕业时，她们也没有寻到丁老师的一点消息。但她们相约：从今以后，无论走到哪里，都要想办法去寻找丁老师，谁先找到了，就一定要尽快将这消息告诉另一人！

# 希 望

江竹筠和何理立正热心地朝丁老师住处跑,找丁老师借书阅读的那些日子,江竹筠的妈妈含着泪水告诉她:妈妈要搬出三舅家,到观音岩附近的临华街一间破房去住。

"妈,多久搬?"

"明天。"

"妈,我向老师请个假,帮你搬。"江竹筠没有向妈妈询问这么急促搬家的原因。因为,她知道:这原因是显而易见的,三舅和三舅母太精明,太盘算人了;原来叫他们搬去一起住时,是因为他们的小儿子需要人照看,需要一个不付报酬的家庭教师兼保姆,现在他们的小儿子大些了,不需要江竹筠的妈妈了,就百般地做脸色给江竹筠的妈妈看。这样，她妈妈自然早该搬走了。

江竹筠的妈妈却告诉她："你和弟弟明天都不要请假。还是去上课。我们没有多少东西，我自己搬得了。我告诉你，只是让你知道，以后回家就去临华街找我。"

妈妈去了临华街，在街边摆了个小摊。这小摊一边放了个铁丝笼子，一边放了个香烟架子。铁丝笼子是兑换零钱——铜圆的，香烟架子上摆着一些低等香烟，顾主多是些人力工人。她还在晚上帮人做点针线活和洗衣服这样的事。虽然日子依然很苦，但比在三舅家生活自在多了，又看见江竹筠学习十分努力，妈妈的身体显然比过去好多了。

从孤儿院小学毕业出来，一九三六年秋，江竹筠该上中学了。她的三舅这时忽然发觉对他这门穷亲戚的几年劳动还得有点报偿，就又出面介绍江竹筠去南岸一所中学上学。非常凑巧，她的好同学何理立也去了那所学校。

尽管她们去了南岸中学，和重庆城隔着一道长江，但她们上学不久，就在学校听说：重庆和全中国的局势要大变了！

"丁老师是不是会变出来呢？"

江竹筠、何理立怀着一颗惴惴不安的心，急匆匆过了江，想进城看个究竟。

那是一九三六年十二月十三日。她们刚从长江渡船下来，就听见有人在岸边大声叫喊："嘿，蒋介石遭张学良、杨虎城将军抓起来了！"

这喊声穿过正被浓雾封锁住的江岸，忽地在空际变成了一连串十分引人注意的山鸣谷应似的话语："嘿……蒋介石……遭……抓起来了！"

随着上岸的人流，江竹筠她们爬上了储奇门的街口，忽地就瞥见：前面，雾茫茫的街头上，仿佛正隐伏着战火即将爆发的危局！

随着聚集在街边观看的人们的指点，她们也看清楚了：街的远处，靠近行营驻地的一方，街道已被铁丝网拦断，铁丝网的背后，堆起了沙包，沙包上架起了机关枪，无数穿黄色军装的中央军正在那里严阵以待；街的远处，即和那些中央军遥相对应的，则是无数手中提着枪、脚穿草鞋的川军。在军阀混战年代长大的她们，早不止一次见过军阀军队在城里打巷战的事。但这一次，她们也明显看出来了，颇为特别：装备精良的中央军十分紧张，总是躲在沙包后面，只是不时露出一个戴着钢盔的头，钢盔下两只黑亮的眼睛向对方瞥了一眼，就又把头埋下去了，他们的人数明显比川军少；穿草鞋的川军人数远比中央军多，一个个提着枪支大摇大摆在四周穿梭、观察，仿佛随时就将以压倒多数的兵力向对方发起进攻。

"蒋介石都抓起来了，作恶多端的别动队还不该抓起来吗？"

听着围观的过路人的大声评论，江竹筠她们不经意地忽又瞥见街上一家关了门的店铺门板上，正张贴着一张十分醒目的传单。那用红绿纸张书写的传单上，写明了张学良、杨虎城两将军在西安扣留蒋介石的原因，只是因为蒋坚持内战，不顾民族危亡，不听劝告；而且，在这张传单上，还提出了八项救国主张！

看着看着，江竹筠的目光不禁在传单的这几项要求上停滞下来了。

"停止一切内战！"江竹筠心想：这不就是要求停止一切剿共战争，枪口一致对外吗？

"释放全国一切政治犯！"江竹筠眼前一亮，她看见何理立的目光也盯在这一行字上，她不禁小声对好友兴奋地说："这么说，丁老师不是就可能回到我们中间来了？"

从此，她们眼前便仿佛出现了新的希望：只要真像传单上说的那样，丁老师就会寻到了！要是川军把那些别动队打垮了，丁老师不是也会得救吗？

正因为这样，从此，江竹筠几乎天天都想进城，打听这事情究竟会有怎样的结局。

半个月过去了。江竹筠又从南岸过江，到了储奇门岸上。忽听城里传出一片震耳的鞭炮声。

江竹筠匆匆上了街，忽然发现：包围行营的众多川军士兵不见了，别动队在街头设置的障碍、沙包也不见了。

急匆匆从街边走过的人，相互议论的话语却是"蒋介石回南京了，别动队又神气起来了"。这话飘进了江竹筠的耳膜，使她不觉一惊，失望地自语道："这么说来，丁老师又出不来了！"

## 她的革命引路人

一九三七年七月七日,卢沟桥一声炮响,伟大的抗日战争终于在全国人民空前高涨的抗日高潮中全面爆发了!

一个又一个使江竹筠兴奋激动不已的消息,不断地传进她的耳中:张学良、杨虎城将军发动西安事变、扣留蒋介石时提出的八项救国主张,似乎就要实现,剿共的内战结束了,国民党和共产党已合作抗日,中国工农红军改编为八路军、新四军,并已胜利地开赴抗日最前线……

整个重庆城,转瞬间,仿佛竟因此而显得异常年轻,充满了生机和活力。

街头上,到处是抗日宣传队,到处是为前方将士募集寒衣的人群。江竹筠参加了歌咏队,她和同学们唱到"向前走,别退后,生死已到最后关头。同胞被屠杀,土地被强占,我们再也不能忍受,我们再也不能忍受……"时,她早已热泪盈眶,满怀为挽救民族危亡而不惜牺牲一切的激情!

夜里,回到她那个狭小、灯光暗淡的家里,江竹筠还总是和母亲一道拿起针线,为前方将士赶制棉衣……

还有许多使江竹筠兴奋不已、目不暇接的事。那就是:八路军重庆办事处也设到重庆来了!中共的机关报《新华日报》营业部也搬到重庆出版来了!生活书店、读书生活出版社,全国许多著名的抗战领袖、文化名人,都到重庆来了!

江竹筠简直被这一切新的变化如痴如醉地吸引住了。妈妈靠洗衣、做针线活、摆摊赚来的一点钱,显然是非常有限的,可妈妈懂得她的心,她想买新书、想订《新华日报》,妈妈总是想法支持她。她如饥似渴地从《新华日报》,从打生活书店买来的那些书本中寻求着祖国独立、民族解放的真理。

然而,随着时间的推移,江竹筠渐渐地又被街头出现的无数怪现象所深深地困扰了。抗战一年过去了,中国华北、华东、华中、华南的精华之地,都已相继沦陷于日寇铁蹄之下,无数流亡来到重庆的沦陷区难民在街头流离失所,在生死线上挣扎,而一些国民党当权者却借机囤积居奇,大发国难财。一种难以描述的压抑空气,骤然间在一切场合出现了:街头上的抗日歌咏队以及为前方将士募集寒衣的活动,在这抗战时期中国的陪都,竟然被迫停止;连看

《新华日报》竟也遭到非议……这一切，当然使江竹筠深深地感到苦闷！

随着日寇加强了对重庆的空袭，江竹筠就读的南岸中学被当局指定疏散去江津县。江竹筠没有随校迁移，她考进了中国公学读高中。

这是一九三九年春天。中国公学附属中学的校址在巴县兴隆场，距重庆城区不过几十里远。

到了兴隆场这个小场镇，江竹筠发现，这里同样使她感到困惑。她怎么也想不到，就是这么一个偏僻的乡间小镇，竟也有那许多用贪婪的目光对学校师生进行监视的特种人物；只要他们一旦发现谁阅读了什么进步书籍，参加了什么抗日救亡的宣传活动，他们就会给谁加上一顶"异党嫌疑"的红帽子，就会对谁实行盯梢，暗下毒手……

何理立到铜梁上学去了。江竹筠独自一人在中国公学高中上学，她这时更渴望阅读进步书籍，寻求社会进步之路。面对复杂的现实环境，江竹筠为了保护自己，她像丁老师那样，把她心爱的课外书籍都用牛皮纸或者和书的内容完全无关的封面遮掩起来。下课以后，她才把这些书和英语、数学课本混在一起，然后，去户外僻静的地方，先将当天应复习的课文再学一遍以后，就悄悄把这些书拿出来认真地阅读起来。

日子一天天过去。江竹筠忽然发现：同班有位个头比自己高、短发、名叫戴克宇的同学，也像她一样，常爱到户外那些僻静地方去看书。江竹筠还注意到，这位同学显然比自己成熟、老练。她在看书的同时，似乎把周遭的一切全看在了眼里；一旦有特种人物贪婪搜寻的目光来到近前，她就会不露声色地向自己发出警报，以便自己及时将那些不宜让别人发现的书妥善地收藏起来。她从不曾打听自己看过什么书，她总是用一种十分坦诚、友爱、完全理解的目光，关注着自己。

慢慢地，江竹筠仿佛觉得，要是戴克宇同学不在她身边，竟像缺少了点什么似的。她也真想知道戴克宇正专心阅读的究竟是些什么书。

有一天，江竹筠悄悄向戴克宇走去。戴克宇早已发觉，但只是淡淡一笑，仍一动不动地只顾自己继续看书。

她在看什么书呀？

近了。江竹筠抬眼就瞥见：戴克宇的一只手上拿着的是一本代数课本，另一只手上拿着的则是一本《西游记》。她正专心阅读的不是代数课本，而是《西游记》。她对江竹筠似乎根本就不想隐瞒什么。江竹筠将手向戴克宇伸了过去，戴克宇将手中的那本《西游记》递给了她。

江竹筠翻开书页，才蓦地发现，这原来竟是另一本书：艾思奇的《大众哲学》！戴克宇将这书伪装得太好了，直到她将书拿在自己手上时，还以为它真是一本《西游记》呢！

"星期天，"戴克宇却向江竹筠提起了另外的话题，"许多同学都要去，竹筠，你呢？"

"你是说去进行抗日救亡宣传？"

"对。"戴克宇像早就替江竹筠安排好了似的说道，"竹筠，你歌声不错，正差你一个歌手呢！那是另一个乡镇，兴隆场的特务不会去，那个乡镇的特务不认识我们。"

星期天，江竹筠跟着戴克宇和一些同学去了邻近的乡场。她从同去的女同学身上见到的，直觉得她们都是纯真、满怀爱国激情的热血青年。当她和她们一起唱到"同学们，同学们，快拿出力量，担负起天下的兴亡……""大刀向鬼子们的头上砍去"时，她和她们都不禁热泪盈眶，热血沸腾，她和她们的心就仿佛跳动在一个胸膛里了。

一连几个星期天，江竹筠都跟着戴克宇她们去邻近的乡场进行抗日宣传。她也曾看见当地有些鬼头鬼脑的人暗中对她们进行监视，但这些家伙全都不认识她们，就像戴克宇告诉她的那样：就只这么一次，他们也说不了她们什么。

每一次参加宣传归来，江竹筠都感到异常的兴奋激动。但同时，她又老觉得自己没有尽到"担负起天下的兴亡"的责任。她听说许多热血青年投奔到抗日圣地延安的事，十分激动。她忍不住向戴克宇说道："你说，我也能像丁老师那样，做一个真正的革命者吗？"

"当然可以。"

"我想到延安去，找党，参加真正的革命党。你说，可以吗？"

戴克宇点点头，却轻声问道："你知道，八路军重庆办事处、《新华日报》那些人，不都是从延安那边来的吗？"

"知道。"

"那你为什么就只想到去延安才能参加革命,找到真正的革命党——中国共产党?"

"克宇姐,"江竹筠眼睛一亮,不觉喊道,"你是说,就在重庆,就真的可以找到它?"

戴克宇点头笑了。江竹筠伸开双手紧紧抓住戴克宇的双肩,恳切地提出了要求:"克宇姐,答应我:你一定要带我找到它!我多么希望成为它光荣的一员,为祖国独立、民族解放事业,为它远大的理想奋斗啊!"

"竹筠,"戴克宇捧着江竹筠火热的脸,凝视着她异常兴奋的双眼,轻声问道:"你知道,那可是十分艰巨,十分困难,而又十分危险的事业吗?"

"我不小了,我懂得。"江竹筠坦诚而又十分激动地说道,"克宇姐,我早想过了。请相信我,我会不怕一切艰难困苦和危险,坚持到底的。你能帮助我找到它吗?"

戴克宇紧握住江竹筠的手答道:"我一定尽力帮助你。"

那是一九三九年一个初夏的日子。江竹筠跟着戴克宇等同志来到一条淌着潺潺流水的小溪旁。明亮的阳光透过竹林,将它的光辉时隐时现地洒在她们脸上、身上。

瞬间,江竹筠直觉得这世界静极了,幸福极了。最庄严神圣的时刻忽地降临到了她身边。她跟着戴克宇同志庄严地举起了自己紧握着的右手,神圣地向党宣誓:"我志愿加入中国共产党,坚持执行

党的决议，遵守党的纪律，不怕困难，不怕牺牲，为共产主义的实现而奋斗终身。"

入党之后，江竹筠浑身像平添了许多力量。她太兴奋了，立刻就想写信把这消息告诉曾与她相约"一定要找到丁老师"的好友何理立。她这信写得极其简单，就只一句话：

还记得丁老师，你找到他了吗？

何理立的回信也极简单，就只一句话：

条条道路通罗马啊！

"啊，理立也入党了！"江竹筠高兴得差点大声喊出来了。

## 新市区区委委员

就在江竹筠入党之后,她正想为党工作的时候,心中却总觉得烦恼和不安。

不是她没有能力、没有勇气,按照党的要求,去联系群众、宣传群众、团结朋友,而是在山城重庆这样的现实环境里,她太难了。汹涌险恶的反共浪潮,一浪又一浪地就在她身边咆哮不已。

《新华日报》还在重庆出版发行,可当那些可敬的勇敢的报童背着报纸走上街头,就常常遭到国民党宪兵、警察的追打,报童手中的报纸常常被没收,撕得稀烂。新闻检查官对《新华日报》刊出的稿件审查特别苛刻,几乎每天都要将报社反映真实情况和正义呼声的文字扣下,使得报纸上只能留下一块块注明"奉令免登"的空白。

街头巷尾，甚至在繁华市区，都随时可见戴着墨镜、暗藏着枪支手铐的特务，正在四处跟踪，盯梢，企图捕人。那帮穿着形形色色服装、总是用贪婪目光向人群扫视的密探，仿佛从地下突然冒出的毒蛇一般，几乎充斥了山城重庆的大大小小每一个角落。

学校里唱歌、办壁报、阅读课外书籍之类的活动，明显地受到监视，不能搞了。甚至连郊游之类的事，也受到注意，不能搞了。

在反共浪潮的冲击下，不少同学消沉了。即使是那些一向敢打敢冲的同学，这时也沉默下来，静观形势的发展变化。

怎么办？江竹筠感到窒息。她想找她的入党介绍人谈谈。

江竹筠没想到，支部负责人却主动找她来了。对方像从她脸上早就看出她的心事似的，对她说道："同志，你现在在这学校里觉得很难工作，是不是？"

"是呀！"

"上级早想到这一点了。你应该换换环境，让你到一个新的地方去。竹筠同志，你愿意吗？"

"组织让我去哪里，我都愿意。"

"那好。"支部负责人告诉她，"记住，明天下午三点你去上清寺车站。你手里拿着这本书，就会有人来和你接头的。"

支部负责人将一本化学课本交给了江竹筠，她小心地收藏了起来。

江竹筠还从不曾这样去和不相识的同志接头。她不知道自己将要见到的是个男同志，还是女同志；她不知道组织将要把她安排到一个什么环境中去为党工作。

江竹筠怀着一颗忐忑不安的心，准时去了上清寺车站。她同样没想到，她刚走近车站，把那本化学课本拿在手上，就看见一个身材高大、皮肤白皙、精力充沛的青年迎面向她走来。这青年手中拿着一本《机械原理》，雪白的衬衣外，套着一件蓝色布衣，使人一眼就看出像是个技术员。

"喃，江姐，"那青年笑着说道，"你想搭车进城去？不，不要去了，表哥到上清寺来了。他正等你呢！"

那青年就引着江竹筠向牛角沱河街走去，一边走，一边悄声告诉江竹筠："我叫魏新学，现在一家工厂做技术员。川东特委的老宋叫我来接你的。"

前面，就是牛角沱码头。轮渡划子正在将急于过江的人，一船船载过江。江岸边，停泊着望不见头尾的大小木船。江岸的岩石上，三三两两坐着在那里休憩的人。

江竹筠将手挽着魏新学的手臂，就像一对年轻恋人，沿着江岸漫步走去。

走不多远，江竹筠就发现有一位目光炯炯、比魏新学年长、明显老练、十分精干的人，迎面朝他们走来。魏新学悄声告诉江竹筠："他就是川东特委的老宋同志。"

他们三人就在一块大石头上坐了下来。老宋一边望着呜咽流逝的嘉陵江水，一边对江竹筠说："组织上今天通知你到这里来，是想调你出来担任一项极重要的工作，并想听听你的意见。"

"一项极重要的工作？"江竹筠不禁小声问道，"我干得了吗？"

老宋像没听见江竹筠这话似的，向她和魏新学说道："现在，重庆市区大大扩大了。新的市区里，我们的党员同志人数大大增加了。由于特务活动日益猖獗，党的联系工作更十分重要。为了加强党的联系工作，川东特委决定成立重庆新市区区委。今天通知你们来，就是向你们宣布这个决定。这是一项非常机密、非常重要的任务，也是一项十分危险的工作，你们要不辜负特委的希望，把这项光荣而又艰巨的任务承担起来。"

老宋严肃的语音，使江竹筠眼前瞬间浮现出了她在竹林小溪边入党宣誓的情景，她不禁握紧了双拳，全身热血沸腾，充满了不怕一切艰险、为党献身的热情。她凝视着老宋，庄严地点了点头。这时，她还瞥见，魏新学也庄严地点了点头。

老宋信任地向她和魏新学点了点头，随即宣布了任命魏新学为新市区区委书记、江竹筠为区委委员的决定。

老宋将新市区的女党员，包括化龙桥、沙坪坝一带一些学校中的党员名单都交给了江竹筠，要她按照"隐蔽精干，长期埋伏，积蓄力量，以待时机"的方针，直接单线联系这些同志。

老宋刚将应交给江竹筠的工作讲完，她的脸和脖颈刷地一下子红了。她有不怕一切艰险的奋斗精神，却从不曾做过这么复杂和重要的工作。她瞬间仿佛觉得肩头承受着千斤似的重担。这时，她没有想她能否干得了，而是想着怎样将党交给的这项重要工作做好，因而十分坦诚、平静地向老宋说道："老宋同志，我从不曾做过这么重要的工作，你能给我以具体的帮助和指导吗？"

"当然可以。"老宋看了看江竹筠，认真地说道，"小江，不是能不能给你帮助，这是我的责任啊！我过去也没做过地下工作，也是我的上级同志教我的嘛。"

"老宋，警报！"

随着魏新学的一声喊，老宋、江竹筠目光都不觉向对岸高处望去。只见对岸山上升起了一个红球，接着又升起了一个红球。

那是空袭警报。日本飞机对这城市已不知空袭过多少次了。每年夏季，这城市几乎就被炸成了一片废墟，只是到了雾季，浓雾笼罩住了这城市时，它又被人们重新修建了起来。日军有时对这城市实行"疲劳轰炸"，连续七天，几乎时时都有日寇的飞机在这城市上空投弹、扫射。

老宋回头看看岩岸边的防空洞，又看了看三三两两依然在岸边不慌不忙来去的人流，就对魏新学、江竹筠说道："就是再升一个红球，我们也来得及进防空洞的。我知道，小魏、小江你们都从没有做过这样的工作。现在，我们就说说究竟该怎样才能更好地开展这样的工作吧。"

# 江　姐

　　江竹筠从此开始了一段全新的充满危险和令人兴奋的生活。

　　她几乎每天都处在紧张的战斗之中。她选择的社会职业是在重庆妇女慰劳总会做办事员。每天早上，她得从她观音岩的家里步行去曾家岩上班。下班后，她才安排时间去个别联系组织上要她去联系的同志。距曾家岩较远的沙坪坝、磁器口一带，因为公共汽车极少，只能利用节假日去联系。

　　化龙桥一带，有马车来往，来去还比较方便，但为了节省车费，她常常步行来去。

　　从此，江竹筠不仅随时要提防日寇的空袭，留心沿途何处有防空洞可以暂避，还要特别留神沿途何处暗设有特务的监视哨，和随时都可能见到的用特种眼神向来往行人刺探的特务。老宋在牛角沱江边和她与魏新学的那次秘密谈话，已经过去多日了，但老宋同志谆谆的嘱咐，却仿佛总在她耳边回响："你任何时候都不要忘记，你的一言一行都要和你公开的社会身份相一致；你和任何人见面就要先约定你们的社会关系是什么，见面时就要准备被捕，准备好口供……"

"看不出的领导是最好的领导"，"最普通的人才是最秘密的人"，老宋同志的这两句话对江竹筠的启发和教育特别深刻。她总是按照老宋的话去规范自己。她要去向同志们传达文件、口头意见时，总是先将文件和口头意见记熟，直至可以一字不差地说出，她才出发。她去学校区联系，总是穿一身女大学生常穿的衣服，一点也不引人注目。她是新市区区委委员，在同志们面前，她只是像他们亲密的知心朋友似的，对同志们充满了关怀之情。

江竹筠从她观音岩的那个家到曾家岩的那处妇女慰劳总会的办公地点，沿途要经过正在空前膨胀的国民党两大特务机关总部——军统和中统的大本营都分布在这不过两公里长的路上。江竹筠早将从这两个特务机关总部进出的许多面孔认熟了。她每天都拎着个皮包从他们面前从容走过。

隔不多久，江竹筠就要略为打扮一下，和新市区区委书记魏新学见一次面。见面的地点，常常约在南区公园。这处地点距他们工作的地址都不远。他们就像一对年轻的恋人那样，手挽手地在公园里漫步，传达指示，交流工作情况。

江竹筠终于弄清楚了，魏新学和她在上清寺车站第一次见面就叫她江姐的原因，是老宋告诉了他：她二十一岁了，魏新学才十九岁。魏新学是经济部水工仪器厂技术员。他将每月领来的工资，除留下伙食费外，全交了党费。区委没有经费，就靠党员交的一点党费。江竹筠也像魏新学一样，将社会职业得到的工资除留下一点交通费外也全交了党费，她有时还向妈妈要一点钱，也交了党费。

魏新学是个懂技术、热情工作的技术员。江竹筠是个少言少语、任劳任怨的办事员。他们是社会上最普通的人，也正是最秘密的人——地下党新市区区委委员。江竹筠对人热情，乐于助人，平易近人，同志们都亲切地叫她江姐。

# "彭太太"

"妈,你在哪里?"

江竹筠进了屋,却不见妈妈的踪影。心里正好生奇怪:门不是开着的吗?门前的摊位上也没有人。她刚叫一声,只见妈已从黑黝黝的屋角走了出来。

妈脸上洋溢着真心的笑容。是多日不见的女儿平安归来了,才使她这么高兴?还是另有原因?

江竹筠高兴地向妈妈迎上去,才发现妈妈闪过一丝神秘的眼波,而后竟将一张不小的纸条塞在了她手上。

江竹筠将那纸条摊开,才看到那是一张极重要的纸条,是许久不见的老宋同志写的。纸条上就只这么两句话:

明天上午十时，女青年会有个讲座，你想去听听吗？

啊，听说那里新开的咖啡店不错，你没品尝过吧？

江竹筠看过纸条后，就悄悄将纸条撕毁了。

妈忙着做饭。她帮妈妈在门前照料摊位，心头却不禁又想起了许多：

一年前，她在新市区区委工作十分顺利。却没想到一个阴雨的早上，她和魏新学像往常那样，一边在南区公园的小路上漫步，一边交换工作意见时，她忽然瞥见有个戴鸭舌帽的家伙，正藏在夹竹桃林后面，偷偷地向他们窥视。她提醒魏新学，他也注意到了。隔了一周，她再次去南区公园和魏新学接头时，他们俩又都看见了那个监视他们的家伙。他们将这一情况向老宋同志报告了，老宋当即决定：要她和魏新学立刻撤走。从此，她就离开了那里。

为了防止可能发生的意外，江竹筠曾转移去了綦江铁矿，以做会计为掩护，后又曾和何理立一道去政治部第三厅合作社工作。

现在，老宋又找她联系来了。肯定是有极重要的事情要告诉她，她一定得准时赶去那里见他。

重庆女青年会在中山公园旁边，它濒临长江，可以听见汹涌东逝的江涛声，是处环境优美的交谊场所。

这天上午十时，江竹筠准时去了女青年会。

女青年会门前，果然张贴着讲座的海报。三五成群的青年男女，正在向讲演厅走去。咖啡厅这时显得清静多了。江竹筠抬眼就看见临江边的一处高靠椅的雅座间里，老宋同志早已坐在那里等她。

服务员给她送来了一杯咖啡。江竹筠就在老宋对面的椅子上坐了下来。

老宋抬眼向雾茫茫的长江扫了一眼，回过头来，一边看看空荡荡没有几个客人的咖啡厅，一边就对江竹筠说道："看来，过去的事情已经早过去了。我今天约你到这里来，是想和你商量一下：有一个极重要的工作，眼前需要一个非常坚定、勇敢而又非常细致的女同志去做。就不知道你是否愿意？"

"老宋，"江竹筠小声回答道，"只要我能做的事，我一定会全力以赴去做的。"

"这件事，你一定能做。而且，我相信，你一定会做得好。"

"那，请直说吧。"

"为了防止敌特正无孔不入的破坏，党组织近来决定在组织上还要作进一步调整。一些区、县组织撤销了，许多党员关系也暂停联系，只留下少数骨干，建立了个别单线联系网。有一个同志有很好的社会职业掩护自己，他负责联系一大片党员。他急需一位党性极强的助手。考虑到他工作极其重要，但因没有家眷，住在单身宿舍里，联系不便，且极易暴露，组织上才决定调你去和他以假夫妻身份出现，让他从单身宿舍搬出来，建立一处便于联系的'家庭'据点。"

江竹筠的双颊不禁刷地红了。

老宋将目光从远处收回来，关切地凝视着江竹筠，仿佛在提醒她："干得了吗？同志，有困难，就说吧。"

"老宋同志，"江竹筠咬咬牙，终于对老宋说道，"组织上分配我做的事，我一定尽力去做。"

需要和江竹筠组织"家庭"的这个同志，是当年地下党重庆市委委员彭咏梧。他公开的社会职业是中央信托局的中级职员。

彭咏梧有了"妻子"，便从信托局的单身宿舍搬了出来。

从此，江竹筠便成了"彭太太"，成了这个"家庭"的"主妇"。

这完全是因革命的特殊需要和由组织决定组建的特别"家庭"。实际上，它是一处极秘密的党的工作机关。需要由老彭联系的一些党员，需要由老彭向谁传达的党的工作意见，老彭有时顾不过来了，就常托她出面去联系和传达，上级的负责同志有什么需要向老彭交代的，也可通过她转达。在那斗争异常激烈、复杂的年代，她的这类工作多极了，常常需要昼夜不停地奔走。

江竹筠这年二十三岁。像她这样年龄的年轻女性，朝夕和一位男同志生活在一起，又要使邻里的人看不出是假夫妻，特别是要使别人根本不可能产生一点怀疑，她真不知要克服多少令人难以想象的困难。

彭咏梧是待遇特别丰厚的中央信托局的中级职员，他们在外面的"家"，就得像个样子，就得租用好一些的房子住，还得弄点像样的家具、摆设。作为有这样社会地位的"彭太太"，她的衣着打扮和与人交往时的谈吐态度，全需要按照这样的身份来调整；尽管这对于她的性格来说，常常使她感到不习惯，非常别扭，但她还是不露痕迹地——做到了。

曾在新市区区委机关工作过的江竹筠心里十分明白：党的经费完全靠党员交纳的一点党费来维持。老彭的全部工资收入除了维持这个"家"——党的秘密工作机关的开销之外，还应该尽可能节省一点出来，作为党的活动经费。她外出工作时，有时需要交通费，就得从节省下来的这点钱里开支。外出工作，有时难免需要在外面用餐，像她那样一身阔太太装束的人，只能进大餐馆才合适，但一想到那会花去许多钱，她又改变主意了：就近寻一熟朋友处，说某处的烧饼特别好，托人将烧饼买来，一边喝水，一边暗自充饥。

彭咏梧从中央信托局下班，回到家里以后，便全力开始进行党的工作。中央信托局和金融界的朋友来访，都由她这位热情大方的"彭太太"招待。

老彭没日没夜地工作，江竹筠注意到老彭有时十分疲倦，还患有肺结核，这更时时牵动着她的思绪。她觉得自己再累再困难，也得将老彭照料好。她每天清早就要去买些老彭喜欢吃又特别有营养的食品，弄些给他吃。凡是她能承担下来的、老彭还来不及做的事情，她总是主动向老彭提出来，将这些工作自己承担下来。

# 意　外

这是一个春光明媚的日子。大雨之后，雾也散得早。

江竹筠今天有许多事情要做。早上买了菜，回到家之后，去朝天门、小什字一带送信，都十分顺利。所以，便计划再去民生路、七星岗。

江竹筠拎着个皮包，不快不慢地向民生路走去。

广播大厦、《新华日报》营业部的房舍，都在眼前出现了。

近了，江竹筠却意外地瞥见：特务机关在《新华日报》对面和侧面设置的监视点，此时竟空无一人。

更近了。从《新华日报》营业部走出来、腋下夹着几本新书的青年，因为没见到有特务贪婪目光的追踪，正兴冲冲地从江竹筠身边擦过。这情景使一直沉浸在紧张斗争生活中的江竹筠也不禁放慢了脚步,将目光向营业部里面望去。

营业部里,三两个工作人员正在那里井井有条地紧张工作。有的正伏案登记,有的正在将新书搬上书架。

已经来到营业部门口了。江竹筠目光一闪,《母亲》《钢铁是怎样炼成的》这两本书的封面,蓦地吸引住了她。她见从那里进出的读者,还是那么无牵无挂地随意来去,她一抬步,也小心地走了进去。她付了款,将《钢铁是怎样炼成的》这本书放进皮包里,就又小心地匆匆离开了营业部。

一切都非常顺利。江竹筠又想去七星岗一带联系,然后,顺便去观音岩看看多日不见的妈妈。

从民生路《新华日报》营业部去七星岗这条路,她走过多次了。那段公路的坡度特别大,人力车工人常常只得匍匐着身子,弯弯曲曲地行进,才能将车子从民生路拉到七星岗上去。从七星岗向民生路去,那可是一段非常惊险的下坡路,人力车工人只要将双脚在坡上一点,然后将双手紧握住车杆,双脚随即离地,将身子悬在空中,车子便飞也似的向坡下滑下去了。直到车子滑完那段陡坡,人力车工人才双脚着地,在地上点一下,又将身子悬空一段路,随着车速的渐渐减缓,工人双脚才最后落地,开始按正常的速度拉车行进。

敢在这段路上向下滑车的工人,都是些有经验的人力车工人。车子在这段陡坡下滑的速度极快,谁想在路边超过它,绝无可能。

江竹筠沿着这段特别陡的公路,从人行道已缓缓走上了七星岗上较平坦的街道。

一个戴鸭舌帽、耸着肩头的人，忽地闪现在江竹筠的身前。看不清这人的面孔，却发现这家伙一边向前走，一边总是向街边店铺的玻璃框里搜寻什么。

江竹筠停住脚步，那家伙竟也收住了向前移动的脚步。

江竹筠一闪念间，立刻记起来了：自己开始从民生路向七星岗爬坡时，那家伙曾在公路对面的人行道上踽踽而行。却不知从何时开始，竟已蹿到街的这一边，走到自己前面去了。而且，这时街对面人行道上，还有一个这家伙的同伙！

尾巴！江竹筠强烈意识到：自己被两个特务盯上了！必须将这尾巴立刻甩掉！

一辆没有坐人的人力车正缓缓来到街边。就只这一辆，街边再没有空着的人力车。江竹筠突然跳上这辆空车，吩咐人力车工人向民生路快走，同时侧目向街对面的那个正对她监视的家伙扫视了一眼。只见那家伙一闪身，就向街对面的同伙跑了去。但她却再也看不见那两个家伙的身影了。人力车已冲入七星岗到民生路间那段陡坡。她只觉耳边呼呼生风，人力车工人的整个身体已悬在空中，车子正飞也似的滑向几十公尺之外的坡下。

等到车子开始平稳前行、可以停车时，江竹筠立刻吩咐工人停车。她付了车钱，就一头钻进了邻近的小街，把尾巴甩掉了！

出事了！江竹筠想，必须将这意外发生的一切，向组织上报告。她拨通了和老宋同志紧急约会的电话。

半小时后,江竹筠就见到了老宋同志。

老宋同志静静地听完江竹筠的报告后,随口向她问道:"老彭没叮咛过你不要跑'红'吗?"

"跑'红'?"

"像你这样担负有重要工作任务的同志,不要去党的公开机关。去了,就完全可能长上'尾巴',这是非常危险的。"

"那,该怎么办?"

"你现在把他们甩掉了,但他们肯定还会再找你。"老宋同志立即果断地决定:"竹筠同志,为了党的安全,你必须尽快撤离这城市。这里的一切工作,你都不要再管了。怎么撤离,去何处,我会马上给你作出安排的。"

## 独立作战

一九四四年初夏，江竹筠怀着对妈妈、对战友无尽的留恋之情，匆匆告别了山城重庆，来到川西平原上的成都。

老宋临别之际，对她叮咛："你的组织关系还是留在重庆，留在彭咏梧同志手上。没有十分必要的事情，不要联系。你在成都，一切要靠你自己做主，学会独立作战。"

到了成都，江竹筠就想着：现在，该是学会独立作战的时候了！问题是，为了实现自己的理想，此时此地，她究竟做什么才好呢？

何理立也撤到成都来了。江竹筠原先在重庆就熟悉的庞佑宗这时正在成都工作，住在工作单位的宿舍里。她和他们在成都重逢之后，彼此的话题，不约而同地立即集中到了一点上：怎样帮助她在成都待得下来？

能帮她找个合适的社会职业吗？在社会就业机会极少的成都，没有非常特殊的社会关系，根本不可能找到社会职业。

惟一可想的办法是投考大学。只要能考上成都任何一所大学，就便于在成都合法地待下去。如果能考入成都规模最大、历史悠久的四川大学，就不仅能在这里合法地住下来，而且，还可以在这所规模最大、师生最多的学校里，更便利地开展党的工作。

应该是自己做出选择的时候了！但江竹筠心里也明白：她只念过一年半的高中课程，以高中三年毕业生的身份去报考，很难有把握。何况，她已辍学几年，在辍学期间，她把自己的全部精力都集中到为党工作去了。更何况，要考的大学又是这样一所录取线较高的大学。

这时离考试仅剩两个月。"老宋不是叮咛过自己要学会独立作战吗？"她想，"看准了战机，就该毫不迟疑地冲上去呀！"她终于对庞佑宗、何理立说道："现在，我就决心去报考川大吧！"

"真的？"

"就这么定了。"

"我们能帮你做点什么？"

"我还缺一个高中文凭呢。"

"这不要紧。"庞佑宗看看何理立道，"一定帮你找一份高中文凭。"

"还有什么？"

江竹筠想：这可是件大事，还应该马上给重庆写封信，向组织报告才是。但她没把这事讲出来，只是说："此外，我就什么也不需要了。还有两个月，我得充分地利用这点时间，将高中三年的课程，包括没学过的功课，全部补习完。"

成都夏季比重庆凉爽，但比重庆潮湿，气闷，蚊虫也多。江竹筠这时仿佛什么也感觉不到了。夏季酷暑的闷热，蚊虫的嗡嗡叫声，汗珠浸湿了课本，她似乎全没有在意，也不知道自己是否曾伸手去驱赶过蚊虫，擦拭过自己脸上、手臂上的汗珠。

重庆老彭同志的回信，更使她勇气倍增。老彭的回信，无疑是经过老宋同志批准的。信上说："有志者事竟成！愿你能早圆大学梦，实现你多年来的理想和抱负！"

报考必备的高中毕业文凭也借到了！不过，她的姓名、年龄等都得因此而全改了。

江竹筠拿着这张文凭去报考川大时，她在报名处填写自己的姓名、年龄、籍贯等项目时，就没有写自己的真实名姓，而是写的她冒名顶替的那个名姓：江志伟……

# 大学生活

两个月的刻苦学习，复习完了高中三年的课程，江竹筠终于夺得了这场考试的胜利。

她，一个当年孤儿院小学毕业的童工，后来只读过一年半高中的江竹筠，现在是四川大学农学院植物病虫害系的学生了！

当她办完入学手续，住进川大女生宿舍以后，才得到妈妈早已在重庆逝世的消息。这事发生在她从重庆撤退到成都，正全力以赴复习高中功课时。她没有能和妈妈见上最后一面，为此她深感痛楚。但妈妈在困境中顽强不屈的艰苦奋斗精神却使她深深怀念，激励着她为党的事业勇往直前地战斗。

"最普通的人才是最秘密的人"，老宋曾经向她说过的话，成了江竹筠这时规范自己在川大学习生活的准则。在重庆做"彭太太"时，为了适合那样的社会身份，她只得穿得体面些。在川大，她就爱穿女大学生常穿的一身衣服：秋天是蓝布旗袍，冬天则在旗袍外套一件红色毛线衣，夏天则穿一件浅色短袖旗袍，显得朴素、庄重、大方。

江竹筠特别记住党组织曾一再叮咛过的话：每个共产党员，无论何时何地，都要做到"勤学、勤业、勤交友"。她深深地知道，经过突击学习，她考上了川大，但她对有些课程的理解还是很差的。比如，大学的化学课，因为在中学时没学过，就觉得学习有些吃力，而这门课又是植物病虫害系的一门重要课程，她必须通过自学，将这门功课赶上来。正因为她有这样强烈的学习要求，所以，她每门课总是专心听老师讲课，从不曾缺过一次课，课后就认真抓紧自修，当天的课一定在当天复习完。到川大以后不久，她的各科成绩都赶上来了。

这就给江竹筠在川大广交朋友创造了条件。按照老彭转达的党组织对她的工作指示，要她配合当地党组织，多做群众工作，尽力壮大革命力量。她发现川大"文学笔会"在同学中影响不小，就参加了这个社团，和同学们一起活动。川西地下党的外围组织"民协"① 要发展她，她加入了，但不参加"民协"的领导工作，却十分认真地注视着它的一切活动，一旦发现了有什么问题，就以同学间相互谈心的方式，使对方理解。

---

① 中国青年民主救亡协会，简称"民协"。

江竹筠入川大上学的一九四四年秋，正是大后方民主运动蓬勃兴起的时候。十月四日，成都五所大学在华西坝发起举行的国是座谈会，响应党的号召，响亮地喊出了"结束国民党一党专政，成立联合政府"的口号。参加座谈会的两千多人，迅速将这一号召传遍了成都。十一月十一日，为反对成都市市长和警察局局长镇压市女中学生事件，成都近万名学生集会示威游行。一九四五年，由一百零八个团体发起，五月四日在华西坝举行有几千人参加的盛大营火会，号召发扬五四精神，反对国民党一党专政，成立联合政府。这年昆明"一二·一"惨案发生后，成都大中学校师生立即成立了后援会。江竹筠密切注视着时局的发展，默默地团结群众参加斗争。江竹筠冷静地观察着斗争中可能出现的问题，和未来发展的方向，她显然更成熟了。

身在成都的江竹筠，这时也常想起在重庆和老彭相处的那些日子。每次和老彭通信联系之后，她总是担心，不知他工作又怎样了？他的身体还经得起紧张工作的磨炼吗？老彭的信中，也流露出了相似的感情。江竹筠终于意识到：他们之间还从不曾想过的事情，就要发生了！一九四五年，彭咏梧向她提出了结婚请求，并得到党组织的批准。这年暑假，江竹筠回到重庆，和彭咏梧结为伉俪，真正成为夫妻了。但他们约定，婚后她仍回川大上学。

# 暴风雨

仍在川大校园里勤奋学习的江竹筠,这时,她正强烈地感受到暴风雨就要来临前的震撼!

昆明爱国学生发起的反对美国干涉中国内政、反对全国内战的爱国运动,遭到了国民党特务的血腥镇压。重庆各界人士发起的庆祝政协会议成功的群众集会,竟遭到国民党特务的破坏,一再大打出手,制造出了骇人听闻的沧白堂事件和血腥的较场口事件,使一大批反对内战,为民主、和平而呼号奔走的全国著名民主人士以及无数工人、学生遭到毒打、逮捕。成都各界人士声援昆明"一二·一"血案,声援重庆沧白堂、较场口受害者的正义行动,同样遭到国民党反动派的镇压!

久经战乱、期望和平的中国人民，眼睁睁地看着国民党反动派在美帝国主义的支持下，一方面高举着"和平谈判""调停内战"的旗号，一方面却由美国出动飞机、舰艇、车队，将数以百万计的国民党军队抢运到内战前线，在长城内外，在长江、黄河两岸，在中原大地，对人民军队展开了进攻，把全中国推进大内战的血海之中！

江竹筠在川大校园里，时时都看见一大批一大批同学正在觉醒，正在勇敢地奋起投入反对美国干涉中国内政、反对国民党反动派发动内战的斗争！

她还无比兴奋地发现，他们，比抗战初期的一代青年更成熟了；在中共地下党和外围组织的领导下，他们不仅敢于斗争，而且善于斗争！

这时，江竹筠不能不无比兴奋地想到，老彭、重庆同志们的工作担子一定更重了！也许，她很快就将回到重庆，参加新的战斗了！

一九四六年四月，她的儿子云儿在成都出生。一九四六年七月，就在江竹筠渴望投入紧张斗争的时候，她得到组织上的通知，抱着云儿，终于又回到了山城重庆。

正像她想象中的那样，她的战友、丈夫彭咏梧这时工作担子极重，在地下党重庆市委委员中，不仅分管全市学生运动的领导工作，还领导着川东一部分地区党的工作。

按照组织决定，江竹筠回重庆后，就立即将党的秘密机关筹建起来。她以中央信托局职员彭咏梧的名义，在重庆大梁子租了住房，买了一些家具，带着云儿，安置了一个适合彭咏梧身份的家。妈妈去世了，但妈妈在观音岩那边的住房还空着，尚无人居住；那里适合做过往同志的临时住所，她就将这处住房建为秘密招待所，专门用以接待外地过往同志。

作为彭咏梧的工作助手，江竹筠还必须寻觅一个合适的公开社会职业，以便外出联系。她三舅李义铭是敬善中学董事长，江竹筠通过这个社会关系，在敬善中学兼任了一名会计。为便于工作，根据组织决定，她又选择可靠关系，在城区建立了联络通信点。

在家里，江竹筠是彭太太、家庭主妇。出家门，她是敬善中学会计。但她无论在何处，除了必要的掩护工作之外，江竹筠都在紧张地进行着党的工作。

时局变化迅猛极了。一九四六年十二月圣诞节之夜，由美军强奸北大女生沈崇而在全国引发的抗议美军暴行运动，在重庆形成了极强大的示威运动。一九四七年春天，重庆这场反美抗暴运动刚刚过去，在重庆设立的中共四川省委公开机关和《新华日报》竟立即被国民党军警包围，并将其所有工作人员遣返延安。之后，国民党军队立刻就向解放区发起了大规模进攻，占领了延安。

江竹筠强烈地意识到：革命力量与反革命力量之间的一场生死大搏斗，正在中国大地上全面展开！

让暴风雨来得更猛烈些吧！江竹筠紧张地协助彭咏梧工作的同时，她不能不想到：在这决定国家民族前途命运的时刻，老彭和她肯定还应该负起更重要的责任来！

云儿已从乳婴一天天长大,学走路了。为了迎接暴风雨,江竹筠想到:孩子该断奶了,把他托付给人带……

# 第二条战线

作为彭咏梧的助手,江竹筠不仅要照顾党的秘密机关和联络点的工作,而且,她这时更深深感受到:自己正从事着一项极光荣而又十分艰巨的革命任务,正挺身站立在敌人的后方广阔的第二条战线上!

这条战线又是这样的广大,使人心潮澎湃,热血沸腾。

以大中学校为基地,在我们党坚强领导下展开的反美抗暴、反饥饿、反内战的爱国学生运动,在重庆——美蒋反动派发动全国大内战的后方,已经形成一条伟大的第二条战线。一代青年不畏强暴,反对美国干涉中国内政,反对内战的正义斗争,得到广大群众的支持,给了美蒋反动派以沉重的打击!

在这场伟大的爱国学生运动中，重庆的许多大中学校，江竹筠都曾亲自去过。女师院、西南学院、育才学校党支部的同志，运动中表现突出的许多同志，她都十分熟悉。她了解他们，她的脑海里，时时总是浮现出他们年轻、勇敢、坚强的面容。

从昆明西南联大撤退转移到重庆来工作、参加过"一二·一"学生运动的几位同志，给她留下了特别难忘的记忆。工作特别热情、认真的原西南联大学生自治会主席、昆明学联主席齐亮，他从容不迫、一丝不苟的工作作风，使人一眼就看出这是个特别踏实、可靠的同志。敢打敢冲、出身富豪家族的刘国鋕，大胆、泼辣，却又严守纪律。他们都有一套广交朋友的本领。他们都是联大二支部的，他们交朋友的本领正是在联大，在革命低潮、环境恶劣时锻炼出来的。在昆明时，齐亮交的朋友特别多，靠的不仅是自己功课好，而且特别热情为同学们服务。那时候，物价飞涨，学生伙食特别糟，齐亮就不计一切全心为同学办伙食团。他的伙食团办得特别好，选举学生自治会主席，许多同学都投了他的票。到了重庆，齐亮是《新华日报》记者，他的工作面更宽了，但对学生的爱国运动更是十分热情地关注和支持。

刘国鋕在重庆的公开社会职业是四川省银行的职员。由于这家银行和他富豪家族的特殊关系，他在这家银行里拥有几间可供自己支配的房间。实际上，他把这些房间全用作了党的工作机关。他的这种特别身份对他从事的秘密工作，无疑是十分有利的，但也常为一些年轻、纯洁的同志所不理解。刘国鋕负责联系重庆大学的工作，重大有位年轻、泼辣的女同志曾紫霞，尽管也知道刘国锧的家里曾几次安排他去美国留学，因他想留在国内参加斗争，一次又一次地拒绝了，觉得他是一个把党和革命利益看得高于一切的人，但同时却仍觉得，他是刘家的少爷。有一天，因为工作关系，曾紫霞和另一女同志进城找刘国锧。谈完工作，已过了吃饭时间，刘国锧和曾紫霞她们一道去饭馆吃饭。饭后，曾紫霞坚持不要刘家少爷付钱。事后，刘国锧才知道，曾紫霞她们因为付这顿饭钱，把她们身上的钱全掏光了，连回校的车费也没有了，最后，她们只得步行回到沙坪坝去。

刘国锧和曾紫霞接触久了，对她产生了特别的爱慕之情。刘国锧却没有想到，当他和她在重庆大学女生宿舍谈完了工作，他向她坦诚说出了自己的心事时，竟被曾紫霞强行推出了房间，并立即将房门关上了。刘国锧在外敲门，曾紫霞也不理睬。刘国锧急了，说："紫霞，还有工作呢！"曾紫霞这才把门开了，说："有工作就说！还是像往常一样，我送你去车站。"

江竹筠深深地了解他们。从和他们的接触中，江竹筠偶然想起了一个在重庆西南学院上学，在反美抗暴运动中表现十分勇敢、坚定的同学。她不禁向刘国锧打听道："西南学院有个名叫罗广斌的同学，也是从云南那边转移过来的，你认识？"

"怎么会不认识呢？"刘国锧立即随口答道，"联大附中的嘛！'一二·一'运动时，附中著名的罢课委员会头头。还是地下外围组织民青的头头。你没听齐亮说过？"

江竹筠摇摇头，说："我是在问你呀！"

"要我说嘛，小罗是个很不错的同志。"刘国鋕道，"他是背叛了他那个封建官僚家庭投奔到革命阵营里来的，革命性很强。在'一二·一'运动前后，他还表现了极好的发动群众、组织群众的才干。他会讲故事，有一套团结群众的本领。紧张的课堂学习之后，他常约请一些男女同学去郊游，做爬山、划船、读书之类的活动。每一次，他总是热心替同学们准备饮水、干粮之类的食物。他在联大附中结交了一大批进步朋友。'一二·一'运动胜利结束时，我家里的人怕我卷进了革命，给我发来了一封又一封书信和电报，要我准备去美国留学，我这时按照组织的决定，撤离昆明，去了云南陆良县中学。那是一个偏远的县城，中学里的老师是我，摇铃上下课的也是我。小罗按照组织决定去了云南建水县建民中学。"

"小罗的家里没写信叫他回四川？"

"他家里当然写了信，叫他回四川。可是，他还是毅然去了偏远的建民中学。"

"噢，他真去了？"

"听说他在那所中学也干得不错。还听说小罗在那里经受过严峻考验。他仅在西南联大附中读过两年，因为参加斗争，他们班没有上过化学课。不料，建民中学有位教化学的老师，那也是位同志。按照党的决定，那同志需要立刻从建民中学撤走。小罗去了，组织上就希望他把化学这门课程顶起来。组织上将情况如实告诉了小罗，小罗没有犹豫，立刻就将这门课承担了下来。他通宵研读化学课本，在实验室学做实验。白天上课时，他不带课本，把他在夜里熟读了、理解了的课文，不多一字、也不少一字地清晰地向同学们讲了出来。他手把手教同学们做的化学实验，全获得了成功。他不仅成了同学们公认的最好的化学老师，还在建民中学培养了一大批民青的同志。"

"齐亮讲过，"江竹筠插话道，"他撤到重庆来，也是组织上决定的。听说他不愿回成都那个家，才来重庆的。他父母住的那个家在成都，他不愿回去；可他不知道，他的哥哥、做国民党兵团司令的罗广文就驻防重庆，罗广文在重庆不是也有个家吗？"

"我曾在重庆偶然碰见过小罗。他怎么会不知道罗广文在重庆也有个家？罗广文曾叫小罗的嫂子邀请小罗去罗广文公馆，他也没去，他总是设法回避了。他离开了西南学院，转移去了盘溪建民中学教书。现在，他嫂子恐怕还找不到他了呢！"

"不错，小罗是个很好的同志。"江竹筠笑道，"国铣，你觉不觉得，他的个性有许多是不是很有点像你？"

"是，很有点像。"

"不过，我觉得，小罗现在对待他家的这个态度、这个办法，可能还是过了一点。背叛他那个封建官僚家庭，是应该的。但，为了革命斗争胜利的需要，是否也可以利用他这个特殊的社会关系，就像你利用你的家族关系，在四川省银行搞了这个研究室，可以为党、为革命更有效地做出些可能的贡献呢？"

"我同意你的这个意见。我曾经想过劝他，他哥哥罗广文那个家，小罗还是可以回去的。"

"好，这件事就托你了。"江竹筠凝视着刘国铤，轻声道，"紫霞近来的情绪很不错。她不会再怼你了吧？"

"江姐，你说咧？"刘国铤笑道，"你什么都了解，江姐，你不该是总护着她吧？"

# 《挺进报》

"妈妈,妈妈……"

一声声甜蜜的孩子的呼唤,在耳边响起,江竹筠高兴地听出来了,那是她的云儿的声音。他刚学会了喊"妈妈""爸爸",早上醒来,就爱这么喊个不停。

兴许,因为自己没答应他,云儿便匍匐在她耳边大声喊起来了。

昨夜睡得太晚了些,所以,总是醒不过来,但想到今天还有许多事要做,听见云儿叫,江竹筠终于还是醒过来了。

云儿看见妈妈睁开了双眼,就撒娇地爬过来,依在江竹筠的怀里。江竹筠给云儿喂了奶,把他托付给了保姆,就又准备出发了。

一连许多日子都是这样,夜里睡得很晚,早上却又起早出门。

但江竹筠却一点也不感觉累，好像总有用不完的精力。彭咏梧到川东领导农村武装起义去了。老彭离开重庆以前，把他领导的一些工作交给了她；她需要联系的工作，一下子就增加了许多倍，使她不得不超常规地起早贪黑地工作。

刘邓大军千里跃进大别山以后，全国解放战争发展到了一个新的转折点，已不再只是美蒋反动派调集大军向人民解放区一再发起进攻，战场就在解放区，现在，这场革命和反革命的大搏斗已开始在国民党统治区进行了。为配合刘邓大军挺进大别山，地下党川东临委决定从重庆抽调一批同志下乡，去支援川东农村地区的武装起义。彭咏梧和江竹筠都提出了申请，组织上批准了老彭的下乡申请，却让她继续留在重庆工作。江竹筠送走了老彭，心里直觉得：自己应该把老彭留下的工作，全顶起来。

老彭留给江竹筠的一些工作，多是她熟悉的。但有的工作，直到江竹筠接手以后，她才对具体情况以及有关的同志，更熟悉了起来。地下市委机关报《挺进报》的工作，老彭去下乡前，江竹筠就间接接触过。老彭下乡后，她对这项工作就了解得更多了。

体魄健壮、仿佛总是精力充沛的陈然，是这张油印报纸刻写、印刷的主力。每一次出版，从一个一个字地认真刻写，到将一张张油印报纸印刷出来，他总得连续工作几个昼夜。为了严格保密的需要，陈然将印刷报纸的地点设在他家狭小的保管室里。为了不使油印机发出吱吱的声响，他对油印机做了一次又一次改进。为使蜡纸能印得更多、更清晰，他对刻写蜡纸的技术，反复做了许多试验和研究。白天，他是那家工厂的负责人；夜里，他走进他家那间狭小的保管室，戴上袖套，便成了最熟练的印刷工人，几乎天天都是这样。山城重庆是有名的"火炉"，陈然家那间狭小的保管室温度更高，在酷暑季节，那算得是火炉中的火炉了，但每当他走进那间小屋，开始印刷以后，不到工作结束，陈然是绝不会中途出来的。

陈然的妈妈是一个非常好的母亲，她总是默默地关心着他。陈然在保管室里工作的时候，她总是在外边为他放哨，护着他。

陈然的哥哥早去解放区了。陈然总觉得，他哥哥正用一种期待的目光注视着他。

陈然还有个很好的妹妹。她像妈妈一样，总是关心、护着他。

《挺进报》的主要内容是刊载新华社电稿。收录新华社电稿却是又一桩十分具体的工作，不能有丝毫差错，每天都不能间断。这种默默无闻的工作，刘国鋕、成善谋等都干过。

报纸印出来了，怎样将这张地下报纸安全发行到全市进步群众手中去？这更是一件十分重要，也十分危险的工作。为了突破特务的包围和严密检查，《挺进报》每一次发行，几乎都要不断改变办法，经过许多斗争。这绝不是一个人两个人所能干得了的，而是许多同志配合才能完成的事。

蒋一苇、陈曦夫妇，算得上是《挺进报》的又一主力。冷静、善于思考的蒋一苇，和陈然等同志配合默契。

把全部精力扑在工作上的蒋一苇，也有一个默默关心他的前辈，这就是陈曦的母亲。因为知道他们干的工作有危险，所以，陈曦的母亲对蒋一苇、陈曦更加关心。她把带孙儿和家务活全揽了起来，以便让他们更好地从事革命工作。江竹筠去了蒋一苇家，她就进一步把这种关注之情倾注到江竹筠身上，问她的孩子有多大了，巴心巴肠地对江竹筠说："假如你工作多，顾不过来的话，你就把孩子放在我这里吧！带一个是这些事，多带一个也是这些事，一点也不费心的呀！"

有一天，江竹筠去蒋一苇家联系，顺便把云儿也抱去了。江竹筠和蒋一苇、陈曦谈工作，却看见云儿一下地，就和蒋家的孩子玩到一块了。云儿开心极了，笑个不停。他会走会说了，已经到了渴望找小伙伴玩的时候了。

陈曦不禁笑着向江竹筠说道："江姐，你成天工作那么忙，就把云儿放在我们家吧！"

陈曦的母亲也插言道："江姐，你看，这两家的孩子也真合得来呢！你啥时候舍得把云儿送来，都欢迎！云儿真乖，我真想带带他呀！"

江竹筠没有言声，但这时却动心了，她不禁在心里对自己说："假若我也去川东参加农村斗争，就把云儿寄放在这里，不是一个很好的安排吗？"

## 联络员

　　随着革命形势的大发展，江竹筠的工作有了新的变动。她不再参与重庆学运和《挺进报》的工作，现在，组织上已任命她做地下党川东临委和下川东地委的联络员。

　　江竹筠把她原在重庆负责联络的工作，早已一一向接替她工作的同志做了交代。

　　彭咏梧现在是地下党下川东地委副书记，负责领导下川东一带的农村武装起义。江竹筠已随老彭一道，去下川东做过一次联络工作。她曾到过下川东许多偏僻山乡，她凝望着云阳、奉节、巫山、巫溪那一片高耸入云的山岭，凝望着川、陕、鄂三省交界处那一片山高谷深、曾有过人民英勇斗争传统的广阔土地，不禁兴奋地自言自语道:"这真是一片打游击的好战场,这真是一片埋葬反动军队的好地方啊!"

特别使江竹筠难忘的,是在那一片辽阔的土地上,我们党派遣的许许多多优秀同志早已到了那里。他们中间,有一九三五年就在云阳领导过武装起义的老同志,更有许多新从重庆等地来到这里的同志。那许多新近才来到这里的同志,早已和当地群众打成一片,在这里深深扎下了根子。其中,不少同志是大学生,江竹筠曾在重庆见过,但这时在这里再见到他们时,她竟几乎认不出他们来了。原来,他们不仅脱下了城里人的服装,换上了农民的衣衫,而且,他们的神情、动作,仿佛全变成另一个人了。他们在城里留蓄的发式没有了,全像农民一样,剃成了光头。他们白天黑夜和农民吃住、劳动在一起,皮肤晒得和农民一样黑,光着脚,手上、脚上的茧巴和地道的农民一样厚。他们挑着百十斤的重担,就像农民兄弟那样,竟可以在崇山峻岭间从容来去,行走如飞。

在云阳,江竹筠见到了一支队政委李汝为同志,她两年前带着严重的肺结核病,舍弃在银行工作的优裕生活条件,响应党的号召,离别了她特别敬爱的母亲,来到这穷山村扎根。江竹筠看到她精神百倍,即将率领起义部队出征,不禁异常激动地说:"同志们太好了,我该加倍努力向你们学习才行啊!"

在奉节青莲乡,江竹筠见到了四年前响应党的号召,下乡扎根的青莲中学校长贺德明,她参加了就在这所学校里举行的暴动准备工作会议。她来到了即将参加暴动的精神焕发的起义者中间,她仿佛已听到了就将震撼巴蜀大地的起义枪声。

即将发动武装起义的决定，给了广大革命群众以极大的鼓舞！但同时，江竹筠却从老彭口中，从起义领导同志中间，听到了一种极其强烈的呼声：尽管上级党组织已派了许多同志来下川东一带扎根，但和整个辽阔的地区相比，人数还太少，远不能适应起义展开后就将出现的种种复杂局势。一致的意见是：希望江竹筠尽快赶回重庆，向地下党川东临委反映，希望临委尽快再输送一批知识分子干部下来。

"江姐，你就要回重庆了。再来的时候，希望你能带一台收音机来。"负责宣传工作的吴子见同志提出了要求。

"就只要收音机？"

"如果有关于游击战的书……"

"也一定设法带来。"

"……"

就这样，江竹筠完成了她第一次去下川东的联络任务，回到了重庆。

她向川东临委的领导做了汇报。她为再次去下川东联络进行了一系列准备。农村武装斗争一旦展开，医药用品必不可少，不仅是常用的外伤药品、纱布、绷带之类的东西，感冒、腹泻、传染病之类的药物也应准备一些。

她就要离开重庆，奔赴可能已经点燃起义战火的地区去了。她特地去了蒋一苇家，看了看他们一家和寄托在他们家的云儿。

江竹筠告别山城重庆，登上了江轮。

"呜——呜——"

汽笛响过，山鸣谷应。江轮在长江中卷起巨浪，载着急切赴下川东再次联络的江竹筠向东而去。

江竹筠的行李中，暗藏有同志们急需的一切东西。当然，她随身也带有应付检查的一切必要证件。

江竹筠贴身的衣服里，还带着老彭需要的药，和云儿咿呀学语、蹒跚学步的照片。

云阳、奉节一带，江竹筠来过，很熟悉。她先将行李找一处可靠的地点存放起来，然后再开始了解情况。

下川东农村的武装起义，在她离开奉节青莲乡，返回重庆之后，就在云阳、巫溪同时打响了！起义队伍会师青莲乡，将来追的保安队击溃，生俘敌军队长，声势大振，威名远播。

江竹筠从过往的行人口中听出，正是下川东的枪声才使那么多群众如此激奋不已，只言片语地传颂着起义队伍英勇无比的传奇故事。

关卡上敌人的检查变得分外严格了，江竹筠感受到了由武装起义而带来的变化。但同时，她却又蓦地有了一种不祥的预感。

前面，就是奉节县县城。从一条石板铺成的路走去，爬上一段陡斜不平的路，就是县城城楼。城门，就设在城楼之下。

阴雨绵绵的天空，一片阴沉。撑着雨伞，踩着泥泞，江竹筠一步一步向城楼走近。

离城楼更近了,抬眼只见城门口围着一大群人,仿佛在那里看什么。

愈走愈近时,她蓦地望见:城头上悬挂着一排木笼,木笼里面放着一颗颗血淋淋的人头。江竹筠心想:又一批革命者被敌人残酷杀害了,他们的头颅竟也被残暴的敌人割了下来。她不忍心去目睹这一切,就想从一旁走开。但她刚从一旁举步,却又想:这怎么行?应该知道是谁牺牲了,应该知道他们的姓名和是在什么地方牺牲的,才好向组织上报告。她便不禁又回转身,直端端地向城门走去。

木笼里的人头已经腐烂,无从辨认。

随着低声叹息的围观群众的目光寻去,江竹筠抬眼瞥见城门上赫然贴着一张大布告。

布告上,粗暴的红笔勾去了一连串的名字,她一眼就瞥见了那行使她心惊的字:

匪首彭咏梧……

这突然出现的名字对她是多么残酷!她支撑雨伞的手差点将伞失落在地。她感到眼前发黑,城门、木笼如同在空中旋转,泪,就要夺眶而出,就要伴着飘洒在脸上的雨水向下流淌。她真想痛哭一场啊!但她从人群的叹息声中,从城门口正在搜查来往行人的特务贪婪的目光中,忽地分外清醒地意识到:她没有哭泣的权利,在这里,只能让眼泪往肚里流……她没有权利哭泣!没有权利迟疑!只有迅速撤离这里！

江竹筠扶正了雨伞，再次抬起悲愤的双眼朝城门悬挂的木笼和那大布告望了一眼，便穿过人丛，默默地踏着泥泞的路，一步一步走开了……

也不知走了多久，凝望着雨雾蒙蒙的天空，江竹筠脑海里才浮现出了这样的思路：不，你要挺住！像老彭那样勇敢地去战斗，应该马上了解一切，迅即向临委报告！

## "江姐,你为什么呀?"

江竹筠赶回重庆,已是一九四七年春节前夕。她迅即找到临委的负责人,将老彭的牺牲和下川东武装起义后的情况,一一做了汇报,并坦诚地提出了自己的意见。

正月初一这天,她给云儿和蒋一苇家的孩子买了点小礼品,就匆匆去了蒋家。

陈曦的母亲特别好客。一见江姐到来,就迎上前:"嗬,江姐,你看你这一走,就是许多天!一路上,够辛苦的吧?好像瘦了些,没遇见什么吧?嗬,来,来,来!"陈曦的母亲一转身,就从里屋将云儿抱出来,将云儿交给江姐,"嗬,江姐,你听听你云儿现在能讲多少话?讲得有多清楚?云儿,乖,你不是总爱叫妈妈、爸爸吗?

叫呀，叫呀！"

云儿依在江姐怀里，看看婆婆，又亲昵地盯了她一眼，叫了声："妈妈！"

"再叫呀！"

云儿两只黑亮的眼珠一转，又清脆地叫了一声："爸爸！"

陈曦的母亲在一旁解释道："江姐，今天一早，蒋一苇、陈曦带着孩子走亲戚去了。就只我和云儿在家，你来了，正好，和云儿耍一阵，他们就会回来，一起过个热闹年吧！"

得到婆婆赞许的云儿，忽又高兴地叫了一声："爸爸！"

江竹筠这时忽地怎么也控制不住自己的感情，她抱着云儿，一腔热泪夺眶而出！陈曦的母亲想劝慰她，江姐抱着云儿，竟痛哭了一场。

江姐告别了蒋家，又外出工作去了。蒋一苇、陈曦回到家，听陈母讲起这事，也不禁想："一向坚强的江姐，大年初一见了云儿就哭，不会是有什么事吧？"陈曦和江姐的好友何理立同在书店工作，就将这事向何理立讲了，问何理立知道不知道有什么特别的原因。

这天夜里，江竹筠去何理立家住宿。

"江姐，"何理立直截了当地向她问道，"听说你到陈曦家去，抱着云儿就哭。真有这事？"

"有这事。"

"是嫌他们家没把云儿照顾好？"

"不是。"

"江姐,那你究竟是为什么呀?难道你连我也信不过,竟一点也不能告诉我吗?"

江姐的眼圈红了,但她的眼泪却没有流出来。她回答好友何理立的声音竟是这样的平静。她说:"理立,还记得吗,你找我,我也曾和你一道去营救你被捕的丈夫、战友和同志仲秋原啊!没有结果!半年过去了,一点消息也没有!我怎么能把我最不幸的消息,在这时候告诉给你呀!"

"江姐,不要瞒着我!要跟我说真话!老彭他是不是遇到了什么?"

"他已经为革命献出了一切。"

"江姐,你怎么不早告诉我?老彭,他究竟怎么样了?你说,你说呀!"

"老彭,他在组织、领导起义部队突围时,站在高处指挥时被敌人用机枪射杀了。他牺牲以后,起义部队胜利突围出去了。他的头颅被敌人割下来,挂在奉节城楼上……"

"啊,江姐,老彭!"

何理立抑制不住强烈的悲愤之情,双手将江姐紧紧抱住,不禁失声大哭了起来。江姐这时也不禁搂抱住何理立,大哭了一场。

战友的心,紧紧地扣在了一起。

何理立终于止住了痛哭。她掏出手绢,替江姐,也替自己拭去了流淌在脸上的泪珠。何理立凝视着江姐,说道:"江姐,我们都应该因为有老彭这样英勇无畏的同志而深深感到自豪。我们应该像他那样，勇敢地奋斗不息，战斗下去才是啊！"

"对。我也这么想。"

"江姐，你把这一切，向上级党组织的负责人都汇报了吗？"

"我这次回到重庆来，就为的是尽快向他们报告的呀！"

"江姐，你怎么说的？"

"我向领导同志说，失败了，应该好好总结老彭这次起义失败的经验教训，重新再来。我向组织上提出了一个请求：我已两次去过了下川东，我对那里的情况已有一定的了解，我要求留在老彭工作过的地方，继续战斗下去！"

"留在老彭同志献身的地方。"何理立像掂量着江姐这话语的分量似的，凝望着对方，将一双火热的手伸出来，忽地紧紧把住江姐的双肩说道："江姐，我的好同志！你这话说得真好，说得真有分量，真有骨气啊！去吧，你放心地去吧！你去了下川东，你们的云儿留在重庆，同志们会像带自己的孩子一样，好好照看他的。"

"这一点，我完全放心。"

"那，江姐，你可要为革命多保重呀！我知道你，做事一向雷厉风行，你在重庆停留得不会久，你的心早飞到下川东去了。看得出来，你可能还要做些准备工作，还有什么放心不下的事需要做出安排，你尽管放手去做。如果我能为你帮上忙的话，请告诉我。"

这一夜，两个亲密的好友、同志，不知谈到什么时辰，才停止了她们心心相印的谈话。

## "江姐，你想到哪儿去了？"

江竹筠又要去下川东了。一切准备工作即将完成，只是还有一件事，临委负责人说过，在她出发之前，还要和她谈一次，但是什么时间、地点，还没最后通知。

由此，她不能不再等一等。

还有，就是她心中真有那么一件两件放心不下的事。尽管这些事不该她领导了，但她却觉得有责任过问。

江竹筠给四川省银行的刘国鋕挂了个电话。

她拎了个皮包，像和银行有什么重要业务似的径直走进银行研究室的房间。

刘国鋕正在等她。研究室的三两间办公室的门，全敞开着。桌上，堆放着重庆、上海出版的书刊。两杯刚泡的龙井茶，正散发出阵阵茶香。

江竹筠扫视了一下别无他人的房间，她的目光忽然落到了雪白墙上的那幅四川全省地图上。江姐移步向前，刘国鋕也跟了过去，江姐看了看刘国鋕，将手向地图上的一个黑圆点指着问："国鋕，你去过这里——秀山县？"

刘国鋕摇摇头，却道："那可是一个打游击的好地方。酉、秀、黔、彭几县，和湖北、湖南、贵州接壤，山高林茂，著名的乌江就从那里流过，还是一处多民族的聚居区，和云南省的许多偏远山区极相似。"

"国鋕，你早这么想了？"

刘国鋕点点头，道："可惜，我还没机会去那边。"

"你没机会？"

"我可极想把这机会送给别的同志。"

"你想给谁呀？"

"我还没想好咧！"

江姐坐了下来，品尝了一下刘国鋕特地为她泡的龙井茶。

"江姐，"刘国鋕问道，"你好像很久没有见紫霞了吧？"

"她今天要来？"

"她昨天来过电话，说今天上午一定来。"

"她再不骂你是刘家的大少爷了吧？"

"早不骂了。现在，她每次来，还要清查我这个大少爷是否把钱全给了别的同志，连自己的一杯牛奶钱也没留下咧。"

江姐笑道："国铉呀，这就对了。你也真该让紫霞管管才好。"

"管管？江姐，那我可不'自由'了呀！"

"国铉，你这话该向她讲呀！"江姐忽地向门外望去，"我也真想见见她。"

送报纸的工人将一份报纸送了进来。工人转身走了，江姐忽又向刘国铉问道："你最近见着小罗了没有？"

"见过好几次。"

"他近来怎么样了？"

"我们谈了许多事。谈了云南的许多事，说我们如果两年前不从那边撤回重庆，仍留在滇南那些偏远地方，那么可以肯定地说，我们在那里的工作，一定很有基础了。在需要拿起枪杆子去对拿枪的敌人时，我们完全可能从那里拉出一支武装队伍来。"

"小罗和他那个哥哥家的关系呢？"

"也谈到了。不过，小罗现在还是不愿回哥哥那个家。但也有一个非常明显的变化，小罗曾郑重地对我说，如果组织上要他去，他一定去；如果革命需要，要他干什么，他都无条件地去干。"

"好啊，我想过，他会这样的。"江竹筠蓦地显得分外兴奋起来。她瞬间似乎想得很多，想得很远。"我们党是讲成分的，但不是唯成分论者，重在表现。小罗在'一二·一'运动时就是民青的负责人了，到滇南工作，表现很不错。撤到重庆，在反美抗暴、反内战运动中的表现也很不错。他是西南学院壁报联合会主席，在和反动学生进行的面对面斗争中,他表现得很有才干,很有组织能力,把反动学生批驳得毫无招架之力,一再得到同学们的热烈喝彩。但我们有的同志脑子里仿佛总有一条无形的唯成分论的绳子,总是将自己束缚起来。一说到他,就说'他不是有个做兵团司令的哥哥罗广文吗'?尽管他早有入党要求了,可是,我们有的同志却总是怕和他谈这个问题。国铎,你了解他,你说,事情是不是这样?"

刘国铎慎重地向江竹筠问道:"你愿意介绍他入党吗?"

江竹筠点点头,说:"国铎,你咧?"

"我当然愿意。"

"那好。"江竹筠眉头动了动,说道:"我想,这件事最好尽快就做。我上次去下川东就想到了:如果我们派个同志去酉、秀、黔、彭那几县,扎下根来,我们上次到下川东发动武装起义时,酉、秀、黔、彭随即响应,那该多好啊!"

"江姐,你还有更具体的想法没有?"

"西南学院有个女同志,非常泼辣,是做群众工作的一把好手。小罗也可算得是个理想的人选。我曾试着和那女同志说过,她十分乐意承担这个十分有意义、尽管充满着艰险的工作任务。他们都是知识分子,完全可以把他们派去一个县城的中学教书,我相信,他们都会是一个个极好的老师。他们每一个人,都可以在那里结交上许多朋友。他们就可以在那里为革命积聚起相当的战斗力量。一旦需要他们拿起枪杆子来时,完全可以期望,他们能够从那里拉出一支威武雄壮的人民军队来!"

"江姐,是你——要去那边?"

江姐摇摇头,笑道:"我已另有安排。我希望他们能去。只是小罗的入党问题还没解决呢,国锜,我们今天就这么说定了:你和我做他的入党介绍人,争取在我这次走之前,把这个问题解决了。"

"江姐,你不是等紫霞来了才走吗?"

"不,我只出去一会儿,就会回来的。"

江竹筠向刘国锜点点头,站起身,就离开了省银行研究室。

# 突　变

　　江轮迎着晨风，穿过浓雾，冲破长江江心的漩涡，向东驶去。

　　伫立在舱门口的江竹筠，她依恋的目光从山城朦胧的影子移向江边，移向那由江轮掀起的波涛在岸边激起的阵阵浪花。

　　她在重庆最后必须做完的几件事，都一一做完了。罗广斌入党的事，已经上级党组织批准；正像她希望的那样，组织上也已批准小罗和一批同志去秀山中学，都以教师的公开身份去那边，争取尽快将那所学校建成为一个新的革命据点。临委已对下川东的斗争情况作了全面估计，并于昨夜将船票送给了她，要她立刻启程，先到万县住下来，待将情况做进一步了解后，再确定行动。

　　"下川东武装起义的斗争展开以后，那里敌我斗争的局势明显的更复杂了。我突出重围的各路起义武装，正化整为零，采取分散、隐蔽的斗争形式，以发展自己；敌人必采取严密防范态势，正对我游击武装、地下党同志全力进行搜捕……由此，你这一次去，千万不可有丝毫麻痹大意之处，即便对你曾去过的地区，也要将情况逐一查清后，才能进行联系……"

临委领导小心的嘱咐，使江竹筠对下川东目前的局势有了一个更冷静的思考。

江轮是直航宜昌的，在万县码头停靠下来，江竹筠就像一个归家的旅客一般，叫力夫挑上行李，从容地上了岸。沿着通向万县城那条陡斜的石板路，一步步向城里走去。

江竹筠这次到万县来，和她上次陪同老彭来这里的情况完全不同。上一次，她是联络员。这一次，她是下川东地委委员，是要在老彭斗争失败了的地区，总结经验，重新组织战斗的。她多么渴望早日回到老彭曾经工作过的那些地方去啊！可是，她现在能去那里吗？

奉节县青莲乡、云阳县汤溪乡这些老彭工作过的地方，她都曾去过，曾和那里的许多坚强无畏的同志接过头。奉节县那边，许多同志都随游击队远走高飞了，不知去了何方。云阳汤溪的李汝为已在起义后，为敌所俘，在当地英勇牺牲。

临委和地委的意见，一致认定：她再急也不行，最好的办法是，现在先在万县找一个公开社会职业隐蔽下来，然后，再和下川东各地的同志逐个进行联系……

按照临委和地委的决定，江竹筠通过川大同学的关系，在万县地方法院找了个职业。这样，她就以法院会计的名义，在万县一点不引人注目地住了下来。

白天，上班时间她坐在会计室做会计。下班以后，她就千方百计地和下川东各地的同志进行联系。

日子一天天过去，江竹筠渐渐欣喜地发现：许多失去了联系、曾以为遭到了不幸的同志都在；这些和组织失去了联系的同志，也正在找党呀！他们也有和她相同的想法：一定要好好总结经验，在他们曾经失败了的地方，重新将红旗举起来！

江竹筠和下川东各地同志的联系，一个个地恢复了。她日夜估量着、期待着：哪一天，将是在下川东将红旗更高地举起的时候？

革命之路从来就不平坦。

危险，总是在人们不知不觉间，就已悄悄向人们逼近。

在革命力量与反革命力量大决战的一九四八年春夏之交，国民党西南特务机关集中全力对我地下党发起了全面进攻。它尖利的爪牙，偶然得手，从重庆地下党队伍中抓住了一个最薄弱的环节。地下党川东临委领导察觉到了这个危险，立刻割断了和各地党组织的联系，并深入进行调查，密切注意事态的发展，以便弄清事实真相采取对策。

万县地下党的同志们不知道这一切，但危险却正在向万县地区迫近。

住在万县，正在下川东积聚革命力量的江竹筠，完全不知道：

敌特从重庆地下党队伍中抓住的那个意志薄弱者，是一个曾与她有过多次工作联系，对她和老彭都相当熟悉的人。这就是当年曾在重庆负责学运领导工作的地下党市委副书记、叛徒冉益智。这个家伙在一九四八年端午节前，竟带着一个特务的特别行动组秘密赶到了万县。

万县地下党县委书记雷震同志就住在江竹筠住地附近。一九四八年六月十三日，江竹筠注意到雷震当夜没有回家，感觉到情况异常，就决定立即进一步了解情况，准备从这里撤走。

十四日早上，江竹筠离开住地，小心地来到万县一马路上，抬眼竟瞥见几个不三不四的家伙，向她围上来。在这群家伙中，还夹杂着一个行尸走肉似的人物——冉益智。他那不敢抬眼向前正视、神色仓皇、失魂落魄的模样，使江姐一眼看出：冉益智已堕落成为一个可耻的叛徒！

"冉益智这叛徒！"江竹筠简直被这意外的发现，气愤得不觉全身颤抖了。她不禁连连自语道："这家伙将会给党造成多大的危害啊？！"

在万县秘密囚室，在她被押往重庆的江轮上，在望着万县一同被捕、同船被押的同志们时，江姐不禁一再痛苦地问着自己："叛徒冉益智还将会向敌特出卖谁？除了自己，除了万县地下党这批人，他还可能出卖谁？刘国铤、曾紫霞，他认识他们，有过多次接触，他会不会出卖他们？……还有，就是小罗。冉益智没见过小罗，但他作为地下党重庆市委分管学运的负责人时，曾看过罗广斌申请入党时写的自传,他肯定记得他。小罗和一大批同志后来到秀山县去了,他不一定知道。这样,他还能出卖小罗吗?……"

江竹筠的脑海里,这时候,就总是被这许多怎么也无法弄清的问题所困扰着。但她相信:不要多久,她终究将会把这一切全弄清楚的。

## "共产党员的意志是钢的"

"呜——呜——"

江轮鸣放着震耳的汽笛声,缓缓靠拢重庆朝天门港口。

早已守候在岸边的特种行动队立刻跑步冲上前去,将江岸严密封锁起来。

早已守候在岸边的几辆美制吉普车随即发动起来。一俟行动队的特务将江轮上那群戴着手铐的人押下船,上了岸,将他们一个个分别塞进了车,吉普车队就在行动队车辆前后监护下,立刻沿着凹凸不平的公路,弯弯曲曲地向前开走了。

被塞进吉普车中的那位穿素色短袖旗袍、微微一笑、向江岸上扫视了一眼的女性,就是江竹筠。

在行动队众多特务的眼里,她是一个他们需要特别监视的人物。在他们接受这桩押送任务时,他们的上司就曾这么特别叮嘱过。

国民党秘密的西南特务最高机关西南特区区长、公开的西南长官公署二处处长徐远举,早已在他的办公地点老街三十二号等候,策划怎样从这批新抓来的共产党人中间获得新的突破。从派去万县执行这次突击行动的特务头目的报告中,徐远举认定:江竹筠这个女共产党是个十分有价值的人,她是共产党重要人物彭咏梧之妻,她长时间充当彭的助手,她赴下川东负责农村武装起义工作,她手中有许多特别重要的秘密关系。从万县对她特别的突击审讯记录看,徐远举的眉梢不禁颤抖了一下:"怎么,动了刑,她居然什么话也没吐出来?!"转念之间,徐远举却又认定:江竹筠毕竟是个女人,丈夫死了,还有儿子在呀!她无所畏惧,就不怕把儿子也牵进来?她经得住万县的突击审讯,难道还经得起老街三十二号的突击审讯?

徐远举将手按在了唤人铃上。

徐远举向应声而来的特务吩咐道:"注意!马上准备,对付那个女共产党江竹筠!"

说着,徐远举将那份万县特务机关对江竹筠的刑讯记录交给了对方。

审讯的地点,就在徐远举办公室那栋灰色砖楼房的侧面、依山建筑的一栋楼房里。徐远举还向参加审讯的特务特别叮咛:他在办公室等候结果,"一旦有什么进展",就立刻向他报告。

半天时间过去了,徐远举也没见有谁来向他报告。最后,他又只好将手按在唤人铃上，对进来的特务训斥道："你们真无用！连一个女人也对付不了？好，算了。都押去乡下吧。"

江竹筠和从万县被押来的一批革命者，又被押上了吉普车。车队在暮色苍茫中，向重庆西北郊乡下驶去。

电网、岗亭，在夜色中出现了。就在前方，连绵不断的电网、岗亭一直向前、向前延伸，向那一座又一座黑色山峰延伸过去。那是多大的一片神秘的罪恶区域啊！

"唪，唪唪！"

"唪唪唪唪！唪唪唪唪唪！"

急骤的梆声响了！它在前方，又在后面、左面、右面响了。那令人心悸的竹梆声，使人相信：车队已经进入又一特别神秘的世界！

江竹筠不可能知道：远处极秘密的广大区域，竟是当年设在重庆的一处绝密特务机关——中美特种技术合作所。

吉普车队来到一处车场。它坐落在一座光秃秃的山岩之下。和车场紧相连接的，是一座被高墙、电网、岗亭包围着的监狱。江竹筠和同车被押来的人们，由特务监视着，从高墙下沉重的黑漆大门押了进去。

全身美式服装的特务对每个被押进来的人一一进行了搜查，给每个人编了个号码。然后，就押着再走过一道黑门，通过一处院坝，分别关进了牢房。

女牢房就在院坝旁边。江竹筠被关进了女牢。

牢门外，狱灯闪着暗红色的光。牢房里，江竹筠蓦地看到有一个短头发、暗黑的身影正急切地向自己靠拢来。朦胧的面影，使江竹筠不禁一惊：怎么——是曾紫霞?！她也被捕了！刘国铤很可能也出事了！

曾紫霞无言地依在江竹筠身边。在昏暗、摇曳不定的狱灯光亮下，江竹筠瞥见：她两眼噙着激愤的热泪，紧咬着牙关，目光盯着门外漆黑的夜空，仿佛显示她正等待着随时可能出现的更严重的考验。

江竹筠理解地握了握曾紫霞的手。她确信，敌特绝不可能就这么轻易放过她，一场更严酷的斗争也许就将在这座秘密集中营展开。

一天夜里，急骤的竹梆声从这集中营四周的岗亭、暗哨里发出的时候，人们清晰地听见，汽车轰鸣的声浪，忽地在车场上停歇了下来。人们随即就发现，不是囚车押送人来，而是西南特务头子徐远举带着一帮审讯人员、行刑专家来到了这里。

就在外边的那座平房小院，特务机关平常用来对革命者进行全身搜查的房间里，特务们已开始紧张地进行刑讯的各项准备工作。

"江竹筠，出来！"

女牢门被推开了！江竹筠被两个身材特别高大的特务押着，从院坝边的黑门走了出去。

静夜里，特务在审讯室紧张准备时的吆喝声、刑具碰撞声、特务头子徐远举焦灼的谈话声，全清晰地传到牢房里来了。江竹筠从容地向审讯室走去的脚步声，也清晰地传到人们的耳膜中来了。

气焰嚣张、不可一世的特务头子徐远举，图谋用他压倒一切的吓人气势和他手下那帮凶残的行刑人员，迫使江竹筠屈服。他不相信：连一个女人，他也制服不了？！

"冉益智他们在我手里，他们把什么秘密都跟我说了。你是什么身份，你的上级是谁，下级有哪些，我早知道了。今天，是要听你说。你丈夫彭咏梧死了，你还有个小小的儿子。你要好生为自己想想，为你彭家的后代想想。这是给你最后一次说话的机会。说呀！"

"听我说？"江竹筠回答的语音异常平静，就像她平时说话一样。

"是呀，叫你说，说你的上级、下级是谁？"徐远举的话音里带着明显的威胁。

"说不说？说不说？"行刑专家们不耐烦地咆哮起来。

整座监狱这时分外寂静，仿佛一根针掉在地上也听得见。审讯室里，刀光剑影的紧张氛围，人们仿佛全看得见。

牢房里的人们终于听到江竹筠沉静、坚强的答话声了。她说："上级的姓名、住址，我知道，下级的姓名、住址，我也知道，但这都是我们党的秘密，不能告诉你们！"

"好吧，让我们帮助你一下就说了。"

徐远举哼了一声。从审讯室传出来的，接着便是一片动刑的声音和行刑专家们的咆哮声。但从此，便再也没有了江竹筠说话的声音。

这一夜，就只有两种不同的声响，从那阴森森的审讯室反复、交替传出来。一种是动用不同刑具的声音，一种则是泼凉水的声音，那显然是受刑的人昏过去了，又用凉水将她泼醒，以便他们继续对她动刑。

这是一个极不寻常的夜。牢房里的人们怀着极大的愤怒，密切注意着、谛听着审讯室里传出的讯息。但人们除了能听到这两种声音之外，这一夜，几乎什么也听不见。

朝霞终于又透过山峰，照亮了这个黑暗的角落。

那两种在夜里交替出现的声音也早停止了。

院坝边的黑门，这时，忽地开了。只见两个特务正从外面将受刑后仍在昏迷中的江竹筠拖着向里面走来。

紧跟在这后面的，是中美合作所渣滓洞集中营看守长徐贵林，人称"猫头鹰"，这只参与对江姐动刑的野兽，睁开两只熬得通红的贼眼，向院坝边的男女牢房一一扫视过去，仿佛又要像往常那样掏出枪来叫喊："别小看，我这支枪，处决过三百个共产党！执行前一天，它就会自动跳出枪壳！在渣滓洞，遇着我徐某，保证三百公尺之内，一枪废命。"

江竹筠被女牢房的战友扶回牢房，让她躺下来。同牢房的战友忙着替她拭去血污，包扎伤口。

这时候，那座被敌特严密监控的集中营，由于囚禁在里面的革命者的长期努力，每间牢房之间的墙壁早已被钻了一个个小洞，并由此在牢房间形成了一个极秘密的通信孔道：各个牢房的同志们，将这秘密孔道常用来交换重要信息。

人们深为江姐坚强的英雄行为所感动。这时候，各个牢房的同志们就利用秘密通信孔道，向女牢传信，向江姐表示慰问和钦佩之

情。有的还写了诗,有一首由何雪松写的《灵魂颂》的诗,道出了许多同志的心声:

  你是丹娘的化身,
  你是苏菲亚的精灵,
  不,你就是你,
  你是中华儿女革命的典型!

  江姐终于醒过来了。她听同志们读了战友们的信后,深为激动。她躺在那里,自己不能握笔,就请人代笔,将她心中的话告诉大家。
  她说得很慢,很吃力。她说:"同志们太好了,我算不了什么!……毒刑拷打,那是太小的考验……竹签是竹子做的,但是共产党员的意志是钢的!"

## 黑牢歌声

渣滓洞集中营中有个院坝。院坝的一边是座一楼一底的男牢房，楼上楼下各有八间牢房，共有十六间男牢房；院坝的另一边是幢平房，设有两间女牢房。

躺在牢床上养伤的江竹筠，忽然被一阵低沉、坚定的歌声吸引住了。她屏息静听，那歌声仿佛在叙说着歌者的心声：

为人进出的门紧锁着，
为狗爬出的洞敞开着，
一个声音高叫着：
"爬出来吧，给你自由！"

我渴望自由,

但我深深地知道:

人的身躯,

怎能从狗洞子里爬出?

我希望有一天,

地下的烈火冲腾,

将我连这"活棺材"一齐烧掉,

我应该在烈火与热血中,

得到永生!

歌声是从男牢房传出来的。女牢房和男牢房一号、二号牢房距离最近,不过二十公尺之遥,歌声听来清晰极了。这歌声仿佛不是从男牢房一号、二号牢房传来的。是从哪儿传来的?却怎么也听不出来。

女牢房的风门边也出现了歌声。歌声里,充满了强烈的爱憎之情。

骑白马,挎洋枪,

山哥哥吃的抗日军粮,

有心回家看姑娘,呀呵嘿嘿,

要打鬼子顾不上!

啊，原来是曾紫霞倚在风门口在唱！曾紫霞浑厚的中音歌喉竟是这么美，她还是第一次听到。一支歌唱过，又接着唱了一支：

岂有这样的人，我不爱他？
……
他是个真情汉子，从不弄虚作假，
这才值得人牵挂——
就说他是个穷人也罢，
有钱岂买得爱情无价？
就说他是个犯人也罢，
是为什么他才去背犯人枷？
他是这样爱得深、爱得真、爱得大，
他和祖国命运不分家，
他爱朝阳，爱月夜，爱冰天雪地，
爱春花，更爱扬子江上天边一抹红霞。

江姐也不禁小声跟着唱了起来。曾紫霞圆润的、带点男声、充满激情的歌声，不仅给了狱中战友以深深的慰藉和激励，江姐也听出，这肯定也将给正囚禁在男牢房里的刘国铤以极大的鼓舞！

但隔不多久，江竹筠再次听曾紫霞唱这支歌时，却觉察到，她的歌声还是十分优美动听的，不知为什么，却缺少了激情。

隔了几天，江竹筠才弄明白：刘国铤被敌特从男牢房押走了。

她思念他，唱起了这支歌，但不知他去何处了，她担心呀。

又过了些日子，江竹筠发现，曾紫霞竟再也不唱歌了！她依在风门口，就只呆呆地望着院坝对面男牢房那一排风门，望着院坝上空那一片阴森森的天空，仿佛没有一点力气。

细心的江姐，早注意到了这个变化。这个变化，是从渣滓洞集中营看守所所长李磊和几个特务在女牢房门前的一段谈话开始的。

"刘国铤出去了。"

"谁能说他不会变呀？他那个刘家大少爷……"

——是特务有意释放的烟幕，还是……？这不能不使曾紫霞特别注意！

江竹筠了解刘国铤，她不相信。曾紫霞也了解他，但她却恨不得马上就弄个水落石出。

男牢房出现了一阵异常的声响。那是从楼上第二号牢房传出来的。

伤好多了，倚在牢门口向外眺望的江竹筠从男牢房轮流放风时早就看出：男牢楼上第一、第二号牢房关的人特多，年轻的同志也多，但院坝里送来的牢饭，不分人多人少，都是一桶饭。这时从楼上二号牢房传出叫喊声"饭太少了，饿死人啦"和敲空碗的声音，她一听就明白了：楼二室被关的人比女牢房多一两倍，但分的饭却一样多，他们当然不够吃！

"我们这里还有剩饭！"

江姐话刚出口，就被女牢房的战友接过去，众口齐声喊道："女牢还有剩饭！"

"当班的，帮拿过来吧！"

值班看守特务只得亲自动手，将女牢房的剩饭送去楼二室。

连送了两天之后，楼二室的战友再叫特务送饭时，特务推开楼二室的牢门，喝道："你们自己去拿吧。"

特务监视的目光，紧跟着去女牢取饭的楼二室战友。

次数多了，特务的监视渐渐松了下来。

楼二室的战友又来取饭了。来人提着饭桶，对江姐说道："他问候您！"说罢，就匆匆上楼去了。

江竹筠抬眼向楼二室望去，牢门敞开处，只见下川东地委委员杨虞裳站在牢门口，正微笑地向她点头致意！

江姐不禁也无言地微笑着向杨虞裳点了点头。

杨虞裳瘦弱的身躯瞬间便被牢门遮住，看不见了。

但她却不禁想道：杨虞裳在万县就受过酷刑，坚强的革命意志，终于使他又倔强地站起来了。可是，他被捕时是在教书的课堂上，扔下粉笔，就被特务押走的，他一无所有。在集中营里，酷暑季节他还挺得过去，到了冬天，这该怎么才过得去呢？

## 风风雨雨

一阵急骤的竹梆声响过,渣滓洞集中营院坝边的黑门开了,一个瘦瘦的、中等身材的青年被押进来,锁进了男牢房楼上第一号牢房。

通过狱中牢房间的秘密通信孔道,楼一室传出了确切消息:来人名叫罗广斌,是国民党兵团司令罗广文的亲弟弟。

他来这里干什么?在集中营被囚禁的战友中,有几十位曾参加过华蓥山武装起义,起义遭到罗广文兵团的镇压,他们都是被罗广文兵团绳捆索绑,押送进这个集中营来的。罗广文的弟弟在这里出现,当即在狱中引起了强烈的警惕。

楼一室同狱的战友立刻组织了起来,对来人进行了严格的隔离审查。

消息迅速传到了女牢房。

"真会是他？"

楼一室开始放风。楼一室的战友一个一个地从楼上走下楼，到院坝放风、上厕所。

江竹筠倚在女牢门口，一眼就瞥见：新来的人，果然是罗广斌！他大大的、略显突出的眼睛也看见了她，但他的整个神情还是那么坦荡，无所畏惧。她立刻就明白了：又是叛徒冉益智，出卖了他，敌特机关肯定还将在他身上打主意。

江竹筠通过秘密通信孔道，告诉楼一室的战友：她了解他，罗广斌是个好同志。

楼一室对罗广斌的隔离审查结束了。敌特机关却极可能在罗广斌、刘国鋕间捣鬼。叛徒冉益智知道他们，冉益智极可能将他们早在昆明就相识这层关系也出卖给敌人！

何理立的丈夫、战友仲秋原同志，江竹筠也从男牢房看见了。他关在楼下一号牢房。江竹筠觉得，应该把何理立在外边的情况，设法悄悄告诉他。

竹梆声每次响过，总有新的革命者被囚禁到暗无天日的集中营来。

酷暑已渐减弱、消退，早晚开始有了点凉意。

这天一早，就听到狱外响起了急骤的竹梆声，又听到汽车在车场停下的声响。但使人纳闷的是，既未看见有人被押进院坝，也没有看见特务闯进院坝来。

终于看见值班的看守特务提着一串钥匙，大步向楼上牢房走去，看守特务推开楼一室的门，大声喊道："罗广斌，出来！"

接着，人们就看见罗广斌被特务押着，穿过院坝，从院坝的黑门走出去了。

"又是审问？"

"不，好像不是一般的审问。叛徒冉益智也来了。"

"刘国铔——不是早转到白公馆监狱去了？他怎么也来了？"

人们从秘密通信孔道获悉了许多信息。曾紫霞也知道了这一切。罗广斌被提审，当即引起了她的注意。听说刘国铔也来了，她的心不禁怦怦地跳个不停。不是说他"变"了吗？"变"了，怎么还会从白公馆押来？他和罗广斌又会有什么关系？……

曾紫霞迷惑不解的目光从风门外移向牢房内，移向正由风门口向外探视的江竹筠。江姐像知道曾紫霞的心事似的，注视着她迷惘的眼睛，小声说道："紫霞，听我说，我看，不会有什么的。等一会儿，小罗回来了，肯定什么都会弄明白的。"

江姐似乎早洞察了一切。她讲得那么有信心，使曾紫霞也不禁平静了许多。

牢房里静极了，人们相互依偎在一起，心脏的跳动，这时仿佛彼此都听得见。

时间，在等待中正一分钟一分钟地缓慢逝去。

"哐啷！"院坝边的黑门开了，又黑又瘦的罗广斌的身影一闪就进了院坝，但曾紫霞她们怎么也看不见他的面孔，押送他的特务高大的身躯将他的面孔遮住了。直到罗广斌踏上去楼上牢房的楼梯，他的身躯比跟在后面的特务高出一大截时，曾紫霞她们才看见罗广斌回头向女牢房一瞥的脸。罗广斌坦诚、平静的脸色传递给她们的信息是：他又回来了，他还是去前的他。似乎还有更多的含义，她们都很难猜测。

"江姐，"曾紫霞自语似的问道，"小罗见着国铉了吗？"

"很可能见到了。他现在不可能告诉我们，他会设法告诉我们的。"

时间，又在等待中缓缓地逝去。这可又是一整天呀！

直到第二天，照例放风的时候。轮到楼一室放风了，曾紫霞眼巴巴地注视着从楼上走到院坝里来放风的战友。眨着一双大眼睛的罗广斌也开始在院坝里漫步，已走到靠近女牢房附近，他的目光已停留在江姐身边，但忽地闪现的看守特务的身影却使他一折身，又漫步离开了。

响起了收风的急促哨音。楼一室的战友立即折身，纷纷向楼梯边走去。一个看守特务最后上了楼，停立在楼一室门口，清点着回牢房的人。院坝里已不见特务的踪影。走在最后，靠近女牢房，就要上石梯的罗广斌四顾未见特务，忽地将手中的一个纸团向女牢房江竹筠处掷去，便从容上了石梯，踏上上楼的楼梯。

楼一室的牢门"哐啷"一声，在罗广斌的身后紧紧关上了。

但就在这时，只见一群特务忽地从院坝边的黑门跑了进来，立即在女牢房门前设下岗哨,并立刻冲上楼去,在楼上牢房走廊前设下一排岗哨。

"马上搜查!"

看守长一声令下,女牢房、楼一室的牢门立即"哐啷"一声打开了。

一次完全没有任何预兆的突击搜查!

出什么事了?谁也不知道。

女牢房、楼一室都没有查出任何可疑的东西。

楼一室的罗广斌却被看守长叫出来:"说,说你向女牢房扔了什么东西?"

"我什么也不知道。"罗广斌说,"我只是和大家一道,刚才收风时路过了那里。"

"哼?!"看守长狞笑道,"你还嘴硬!你以为没人看见?不,你没看见人,却有人躲在那柱头后面,亲眼看见你向女牢房扔东西的呀!"

"有什么凭据——说我扔了东西?"

"没凭据就不能把你怎样了?!"看守长随即大声喝道,"来人!给他上副重镣。看他还敢不敢?!"

一副沉重的铁镣,"当啷啷"地拖进院坝,拖上楼,重重地扔在了楼板上。

楼一室出现了铁镣的声响。

曾紫霞不安地走向江竹筠,却意外地看见:江姐的脸上,瞬间竟闪现出一片宽慰的笑意。

"江姐，小罗真向女牢扔了什么吗？"

"真的。"

"我怎么也没看见呀？我，那时不也是站在风门口边的吗？"

"紫霞，你是站在那一边的，你的眼睛也在向那一边看——担心特务会看着什么。"

"那，小罗究竟扔了个什么给我们？"

"一个纸团。"

"在哪里？特务怎么也没有搜到？"

"我看后，就吞掉了。"

曾紫霞分外地激动起来，她紧抱住江姐的双肩，将头靠住江姐的头。然后，将嘴对准江姐的耳，悄声问：

"说，是不是说，他见着他了？"

江姐也悄声回答："是呀！见着了国铋，还见着那最令人憎恨的叛徒了。"

"江姐，他没说国铋怎么样了？"

"小罗就想告诉你呀！"

"告诉我什么？"

"他——还是像过去一样勇敢坚强！他们都说，只是在昆明上学时相识，别的什么事也不知道。徐远举拿他们毫无办法，最后只好又吩咐把他送回白公馆监狱去了。"

## "为了免除下一代的苦难"

一个身材高大、憨厚朴实的孕妇被囚进了女牢房。

她名叫左绍英,是地下党川东临委书记王璞同志的妻子。敌特搜捕不到王璞,却将她这个坚强的老地下党员抓来了。可是,敌特除了知道她是王璞的妻子之外,其他什么情况也不知道。敌特审问她时,她说,她对王璞在外面做了什么,一概不知。敌人试探她是否识字,把记录倒拿着递给她看,她也就倒拿着看。敌人看了看这个十分憨厚、一无所知的"文盲",确信她不是共产党的干部,但为了要迫使她说出她丈夫的联系地点,还是将这个大肚皮的孕妇捆上了老虎凳。

左绍英从老虎凳放下来,她就直觉得全身的骨架像散架了似的,肚子痛得厉害。她被关进女牢房后，躺在那里，更觉得天旋地转，肚子痛得更厉害了。

左绍英蜷躺在那里，咬着牙，强忍着疼痛，豆大的汗珠从她额头上流淌下来。

人们围坐在她身边，都不知如何是好。受刑震动了胎儿，后果很难设想，谁知她那身怀七个月的胎儿能否保住？谁也不知道她母子能否闯过这一关……即使是最好的结局，胎儿保住了，三个月后，这孩子在这里生下来，有条件将孩子带大吗？要是现在就生下来，这不足月的孩子，在这样一个一无所有的环境里，怎么活呀？

漆黑的夜幕，完全笼罩了牢房的每一个角落。

没有星星和月亮的夜晚，特别黑。挂在牢门口外的狱灯，闪着像香火似的红光。

夜深了。夜风带着侵骨的寒意。

江竹筠对依偎在她身边的曾紫霞悄声问道："你听得见男牢房里有什么特别的声音吗？"

"有点焦急、不安。"曾紫霞猜想道，"不会有别的事情。肯定还是为左绍英的事，才这样的。我们这边的声音，他们那边也听得见呀。"

她们静静地依偎在一起，不再言声，谛听着男牢房、女牢房种种不安的声音。轮班在左绍英身边照料的几个难友，正小心地替她轻轻地抚摸着疼痛难忍的肚皮。她俩正准备去接替她们……

忽然，"哇——"的一声，左绍英不满月的婴儿居然在这暗无天日的牢狱之中诞生了！

　　人们忙着为婴儿和产妇搜集一切可用之物。但女牢房就只这么大，就只这么十来个几乎一无所有的人，从哪里去寻找那许多东西呢？

　　曾紫霞焦急地又来到江竹筠面前。江姐将一只手放在她肩上，说："紫霞，别急。让我们大家来想办法吧。你看，我这件旧衣不是可以给孩子做点什么吗？"

　　"当然可以。不过……"

　　"嫌太少？是少了点，不过，大家想办法，总会有办法的。"

　　大家迅速行动起来，为孩子和产妇作着一切准备。

　　这天的放风时间似乎特别早。楼上楼下男牢每间牢房出来放风的战友，下到院坝边的时候，几乎每个人的腋下都夹着一点什么东西，他们不是首先去院坝放风、漫步，而是将他们腋下夹着的东西堆放在了女牢门前。有的还匆匆留下了这么一句两句话：

　　"这，给孩子做尿布吧。"

　　"这，能不能给孩子做点什么？"

　　"给孩子取个好听的名字吧。这孩子在这里出生，真不容易，特别珍贵，叫她'监狱之花'吧！"

　　江姐凝望着战友们送来的那许多极为珍贵的东西，有带着体温的衣衫，还有半瓶奶粉，她不禁一再说："同志们太好了，谢谢。"对着那些从女牢门前走过的战友点头致意，说，"就这个名字好，就叫'监狱之花'吧。"

在战友们的细心照料下,左绍英居然还有奶,不足七个月的婴儿也会吃奶。

"监狱之花"亮晶晶的眼睛睁开了,是那么逗人喜爱。

女牢里忽然增添了无限的生气和乐趣。男牢房的战友们,放风路过女牢门前时,也不禁总是把目光向女牢投去,那是想看看他们心中特别珍贵的后代。

站在女牢门边的曾紫霞和江姐,这一天黄昏时刻,忽然被男牢房里传来的歌声吸引住了。她们辨不清楚歌声是从楼上或楼下哪一间牢房传来的,但她们却听得清楚极了,而且,那歌词一听就使人一字不差地记住了,就会跟着唱起来——

> 我们是天生的叛逆者,
> 我们要把这颠倒的乾坤扭转;
> 我们要把这不合理的一切打翻!
> 今天,我们坐牢了,
> 坐牢又有什么稀罕?
> 为了免除下一代的苦难,
> 我们愿——
> 愿把这牢底坐穿!

江姐、曾紫霞和女牢的战友们,都不禁也跟着唱起来了。

# 曙　光

几乎和牢狱里所有战友的心情一样,春节过去几天了,曾紫霞还沉浸在春节那天联欢活动带来的欢乐里。尽管在这之后,狱中也曾出现了不少使她忧虑的事情。

谁都难以想象:在渣滓洞集中营,在敌特监视如此严密的地方,为庆祝人民解放战争辽沈、淮海、平津三大战役的伟大胜利,竟然举行了那么壮观、美妙的春节联欢!

简直太奇妙了!楼二室的余祖胜居然自制出来了那么多红色的、金色的五角星,作为新春礼品,送到了女牢房来,制作得那么精巧,说是用钉子刻的,这会是真的?

女牢房战友们集体扭的那个秧歌,唱到"猪哇,羊呀,送到哪

里去？送给那英雄的人民解放军"时，她的心差点都快跳出来了！

每间牢房的战友利用春节延长放风时间的惯例，在院坝里表演的每个节目，几乎都使她久久难以忘怀。但有一个节目，应该说，却是使她一直激动不已的。这个节目就是楼一室罗广斌个人表演的节目：踢踏舞！

每一个戴上脚镣的难友，都得想些特别的办法，以避免坚硬、沉重的铁镣将脚腕子的皮磨破。办法是：第一，在铁镣的两个铁箍上，缠上一些破布，以减少摩擦；第二，在铁镣中间系一根绳子，走路时，将这绳子用手提着，然后开始移步。一只脚向前移动一下，就把绳子向上提一下，才又向前移动另一只脚。只有这样，才能避免脚腕子处受伤。

罗广斌也就是这样移动脚步，来到院坝中央的。

踢踏舞是一种用双脚快速跃动的舞蹈。戴着铁镣的罗广斌此刻却要跳踢踏舞！

小罗兴奋、愉快的面孔，对着各间牢房的战友了。他将手中提铁镣的绳子放开，让它飘落在了地上。接着，他就异常兴奋、激动地跳起了踢踏舞。

踢踏舞的节奏，是那样地欢快、明朗、强烈！他的脚快速跳跃而使沉重的铁镣在地上发出金属碰撞声，"当啷当啷"的清脆伴奏，更加动人心弦，使人心潮澎湃！

曾紫霞直觉得，有一种特别的魅力紧紧地吸引住了自己。是因为他和刘国鋕早就认识，还是因为他曾带给了她关于国鋕的最新消息？是因为他和自己此时此地的心绪完全一样，还是因为他像国铉那样，对人民解放事业有着那么一种强烈追求和无悔无怨的性格？她怎么也说不清，却总是想着那曾使自己激动的情景。

正因为这样，尽管集中营里在春节联欢活动之后，又已一再出现了令人忧虑的事——敌特的监视已明显严厉许多，高墙上增加了机枪，跳踢踏舞的罗广斌传闻已被押去了白公馆集中营……她还是那么兴奋，甚至想：小罗是否还会把这里春节的欢乐也带去白公馆，告诉国铉？

曾紫霞没有回头，却意识到：刚才藏在角落里写什么的江竹筠，已经离开那里，也依偎在风门口，向外面阴沉沉的天空眺望了。江姐在写什么？她是否是在给男牢房战友们写回信？两天前，她收到男牢房战友的那封信后，她似乎想了许久。

啊，她在想什么呀？男牢房战友们为悼念老彭牺牲周年纪念日的信，显然，会使她想起许许多多事情来的。

"紫霞，你看你！"江姐小声对她说道，"都过去几天了，还那么兴奋，就像那天我们披着丝绸被面，去跳秧歌舞时那样。又在想那天那些事，想小罗的表演，想他也许现在正和国铉在一起，是不是？"

曾紫霞笑了，默认了一切。却随口向江姐问道："你在写回信？"

江姐点点头，没有言声。

"写好了吗？"

"很想听听你的意见。"

"听我什么意见?"

"三大战役的胜利,预示着人民解放战争就将在全国范围取得完全、彻底的胜利!新中国就将成立,屹立在世界的东方。可是我们在这里,难道就只能那么冲破阻挠、热烈庆祝一下就行了吗?我觉得,不行啰!一个真正的革命战士,无论何时何地,不能坐等胜利啊!我就想将我心中的这个想法,写信告诉男牢房的战友,为了迎接这个伟大的胜利,我们每一个人都应该加强学习,锻炼身体,以实际行动,迎接解放!"

曾紫霞察觉到,江姐讲这番话时,李青林依靠着墙壁,也靠近风门口来了。江姐也看到在万县被捕、刑讯时被敌特用老虎凳撬断了腿的这个坚强的战友,已来到身边。江姐的神情,似乎告诉她:"我也正想听听李青林的意见呢!"

江姐说完了这番话,就把征询的目光转向曾紫霞。曾紫霞却将期待的目光转向李青林,她确信:有过多年革命斗争丰富经历的李青林,一定会有比自己更高的见识。

"说得好啊!"李青林毫不迟疑地就说出了自己的意见,"江姐,自从我们被捕以后,失去了和党的联系,我们经过斗争,保持住了自己坚定的革命立场,可以说,我们胜利了!但也要说,我们可能掉队了,可能要成为党的包袱,不是吗?我们如果不加强学习,胜利以后,如果我们幸存下来的话,我们能干啥呀?因此,必须加强学习,学政治,还要学习各种知识。还有,就是要想一切办法,锻炼身体,才可能不会成为废人,成为革命前进的包袱!"

"江姐、青林姐，你们想得真远啊！"曾紫霞看看拥挤不堪、一无所有的牢房，不禁又犹豫了，"我完全赞同江姐的想法。不过，在这里，我们能想办法做到这一切吗？"

江姐笑道："我们大家一起来想这个办法吧！"

李青林也笑道："紫霞，我们是不是一件事一件事地来讨论，来想办法，就先从学习说起吧。"

"学习，我想，首先得有学习材料，有书才行啊。"曾紫霞话开了头，却说不下去了。一时间，她还真不知道从哪儿去弄这些学习材料和书。

"这确实是个难题！"江姐认真地回忆道，"说真的，这个难题我也想了许久了。我想，我们在这里被囚禁的战友有这么几百人，曾从事过许多不同的工作，学过许多知识，是否可以说，这就是一座知识的活宝库？假若能动员这里一切可能动员的同志，将他们学过的知识写出来，哪怕就只是一个简单的纲要，我们不是就可以找到许多学习材料和书籍了吗？"

"对。"李青林插话道，"我们每间牢房的战友都可能写出这样的书来。而且，还可能找出许多好老师来的。"

曾紫霞眼前忽地亮了。她立刻觉得，这是个好办法！每个人是学生，也是先生，相互学习，大家就可以学到许许多多知识。却又忽然想到：这些学习材料和书不是短时间内能写得出来的，于是又犹豫了。迎着江姐的目光，她将这心事坦诚地说了出来："那书能很快就写得出来吗？"

江姐扬了扬手,示意等她一下。曾紫霞朝风门口外的不同方向看看,都不曾看出有任何异常迹象。

江姐不知从什么角落拿出了一卷纸来,把它递给了曾紫霞。

曾紫霞打开那卷着的纸筒,一看,她的双眼不禁惊诧地瞪大了!原来,江姐近几天藏在角落总是写,不仅是给男牢房写回信,还在写书——难怪她费了那许多的时间!此刻,呈现在她眼前的竟是这样一本用草纸写出来的书。那上面用非常认真的笔画,一字一字地写着:

## 毛泽东　著
## 新民主主义论(提纲)

很明显,那是江姐凭着她的记忆写出来的。

"我就不知道,我的记忆是否确切?"江姐像还有心愿未了似的,笑着对李青林说道,"要是有谁能帮助校订一下,就好了。"

"好啊!江姐!"李青林愉快地解开她包扎断腿的破布,从里面也取出了一卷纸,并立即把它交给了江姐,"你拿去校对吧!也许,我们两人的记忆加在一起,就不会有错了。"

江姐接过那卷纸,不禁激动万分地紧搂住李青林的双臂说:"我没想到,你早想到了!而且,早写好了!太谢谢你了啊!"

# 新天地

守候在女牢风门的战友,一边向风门口外眺望,一边小声地向里面传送着男牢房秘密送来的最新消息。

靠近风门门口的战友,愉快地向江竹筠、李青林报告着:"楼四室,楼下五室……都编写出书来了!有《论共产党员的修养》(原著者刘少奇)、《中国通史简编》《中国文学》……还有《化学》《物理》《数学》《英语》课本……"

江姐愉快地应声道:"同志们真了不起啊!这么几天,就写出这么多书来了。我们落后了,可要努力呀!"

"建设伟大的新中国,需要多少各方面的知识啊!这,不是还嫌太少了吗,江姐?"

"青林,是,是呀!这就更需要我们加倍努力。"

正在专心研制"自来水笔"的曾紫霞,也不禁插话道:"我的'自来水笔'也该赶紧做,要多制几支才行!"

谈话间,围着看曾紫霞研制"自来水笔"的战友忽然尖叫了一声,随即又压低声音,兴奋地说道:"啊唷,成功了哩!"

只见曾紫霞把刚才磨尖的竹签,从中破开一个口,然后,将它蘸上用烧焦的棉花制成的墨水,在纸上写出一行清晰、秀丽的字。竹签很尖,它写出的字笔画细致,十分好看。

江竹筠将这支"自来水笔"拿过来,也蘸上墨水,在纸上写了几个字,夸赞道:"紫霞真行,想不到你还是发明家咧!"

"江姐,你这话说得可不准确了啊!男牢房的战友早就有这种笔了。"

"毕竟,这是我们这里的呀。"李青林也愉快地说道,"我们应该想出各种办法来,推动我们的学习才是。"

风门口忽然传来了一声咳嗽。这是警报!牢房里的一切谈话、活动,全停止了。

静极了。人们躺在铺上,仿佛连呼吸都停止了。

终于,风门口连连响起了两声叹息,这是警报解除的信号——监视的特务已远离了女牢房。牢房里的活动又开始复苏。

李青林轻轻拍了拍手,这是女牢房今天学习即将开始的信号。该今天在风门口放哨的江竹筠、曾紫霞,无言地去了风门口。

李青林靠着墙壁,将身子移到了战友中间,随即就开始说道:

"今天，大家推选我讲这一课：《论共产党员的修养》。我就开始讲了。讲得不好的地方，请指出来……"

江姐、曾紫霞一边谛听李青林讲课，一边从不同方向观察外面可能出现的意外变化。如果发现了什么异样，就立即发出警报，让牢房里的讲课迅即停下来。

但这天一个上午，竟然一点意外情况也没有发生。她们注意到，这天上午不仅是女牢房的讲课从未中断过，男牢房各间的上课同样也不曾停歇过。

整座集中营，几乎每间牢房的情形都是完全相同的。每间牢房的风门口，都有一两个战友向外守望，他们的目光向着狱外，他们的耳朵却正专心谛听着牢里战友的讲课。这天上午，每间牢房都有自行推荐的老师在讲课，每个人既是学生，也是先生。每间牢房上课的内容，因牢房的不同情况而各不相同，有着重政治、社会科学的，也有着重自然科学方面的。只有置身在这特种环境之中，而又迫切希望获取知识的人，才能看出牢房里在这样静寂无声而又充满生气的氛围中，正在紧张进行的秘密学习活动。

江姐和曾紫霞面前，还摆着一张围棋棋盘。棋子是用集中营地上的黄泥巴做的。看守特务如果来到风门口向里探望，她们就全将泥巴做的棋子"吧嗒"一声掷在棋盘上以作警报，使牢里的上课立刻停下来。

江姐、曾紫霞在风门口愉快地听李青林讲课，同时，她们还仿佛听到许多牢房的战友正在讲课的声音。

这时,她们相互望着,不禁会心地笑了。无言的眼神,彼此仿佛还在相互提醒着:"下一课《新民主主义论》,江姐,该你讲了!""下一课《英语》,紫霞,该你讲,不要朝胡大姐身上推,下一次英语课,才该胡大姐讲。"

从此,牢房里竟然被一种难以想象的学习气氛充满了。

没有笔吗?各种各样的笔诞生了!黄泥巴搓成的笔,就可以在地上演习数学算式、解答几何难题。

没有书吗?各种各样的书,居然就这么一本又一本背诵着写了出来!

为了迎接胜利,迎接新中国的曙光,人们天不亮就起身,开始体育锻炼了。没有场地吗?人们早起之后,就紧挨着狱墙,在狭窄的牢狱里漫步,练习走路。人多不够同时伸开双臂,就腾出一点空间,让人们可以从容地一个一个轮着伸开双臂,挥拳动腿。最后,即使牢狱这么狭窄,人们发现:在这里,几乎什么健身运动都有办法做。

这几乎成了所有牢房里战友们新的生活规则。早上,是健身的时候。夜里,狱灯光线太微弱,不适宜学习,也是健身的好时光。每天白天的上、下午,则是各个牢房战友学习的宝贵时光。

牢里秘密通信孔道传播的信息,这时候,有许多竟也是关于锻炼身体和学习的。

江姐,这时也正愉快地生活在她希望的新天地里。她是老师,讲她印象特别深刻的"书";她也是最勤奋的学生,别人讲的每堂课——有书本上的知识，也有丰富的斗争实践经验总结方面的知识，她都认真地谛听、理解、消化、吸收……

## 难　题

已经从风门口回到自己狭小的铺位上躺下、似早已入睡了的江竹筠，这时，其实一点没有睡意。

夜深了。呼呼地呼啸着灌进牢房的寒风，使牢房里的温度又骤然下降了。

江竹筠抬眼向漆黑的风门口扫视了一下，瞬间，黄昏时间院坝里放风的情景又在眼前浮现了出来。

轮到楼二室的战友放风，他们刚走下楼，来到院坝，天骤然黑了，是空际的巨大乌云，忽地遮没了天空。一时间，飞沙走石，寒风骤起。楼二室放风的战友在放风场上被寒风吹得东倒西歪，摇摇晃晃的。但他们在院坝里还是做着惯常放风时必须做的那些事：倒马罐、上厕所、在院坝漫步。

杨虞裳和几个衣着特别单薄、身体特别瘦弱的战友的形象,立刻就深深地嵌进了江竹筠的记忆里。他们单薄的衣衫,就像披在他们身上的一层纸。寒风袭来,他们将双手抱在胸前,冷得瑟瑟发抖。他们仿佛随时都可能被寒风卷走,但他们还是坚持在院坝里,迎着寒风顽强地散步。

哦,他们是一些多么坚强的同志啊!

天更黑了,但雨并没有落下来。

收风的哨音响了。他们就将走过院坝边的石梯,踏上楼梯,回楼二室去。杨虞裳踏上石梯,忽又回过头,和江竹筠眺望他的目光交汇在了一起。杨虞裳忽地双手握拳,手臂微曲,胸略前倾,做了一个似将起跑的姿势!然后,会心地向江竹筠点了点头。

江竹筠在女牢风门口也会意地点了点头。她完全明白杨虞裳那个起跑动作的含义,罗广斌被押去了白公馆,白公馆被囚的李子伯却又被押来了这里。李子伯带来了白公馆战友准备越狱的秘密计划。男牢房的战友也早已在筹划这事。杨虞裳这样提醒她的目的,显然是有一个亟待解决的问题,希望女牢的战友也能积极给以配合,千方百计,尽力寻求关系,了解情况,打通和狱外的联系。

这,显然是一个很难解决,却又必须解决的难题。

杨虞裳和楼二室几个战友在寒风中瑟瑟发抖的形象,却不禁使她想起了又一个必须解决的难题:要是能给他们弄件棉背心之类的衣物,这就太好了!

可是，做棉背心要布和棉花。这布料和棉花，去哪里找？找不到布料、棉花，怎么做得出棉背心？！

……

江竹筠直觉得寒风刺骨的凉。一个联络外边、了解外边情况的事，一个棉背心的事，就在她脑海里盘旋，纠缠不休，却怎么也想不出个解决问题的办法来。

一夜过去，天色又渐明起来。

"监狱之花"依偎在左绍英怀里，睡得十分香甜。左绍英却早已支起身子，拿起针线，替孩子缝补着尿布。

江竹筠起身，和战友们一道做了几个简单的健身动作，便又来到风门口向外眺望。

不一会儿，楼上牢房就开始轮流放风了。值班的看守特务将楼一室的牢门打开之后，腋下夹着一包毛线，径直缓步向女牢走来。

江姐早注意到这个个头不高、姓黄的看守特务。"监狱之花"出生之后，需要针线之类的东西，曾紫霞就曾向小黄这个特务要。隔了一天，小黄就把针线送了来。曾紫霞又向特务提出：因为替孩子裁剪衣服，需要用用剪刀。这特务又将剪刀送了来，还说，他向所长李磊报告过，每天用完就收回，再用可以再借。这之后，其他特务也曾有来求女牢缝补几针的。凡是曾求女牢缝补过的特务，对女牢的态度明显地变得缓和多了。

转瞬间，看守小黄已来到女牢门口。

"曾小姐，"小黄满脸堆笑，对曾紫霞说道，"我买了点毛线，麻烦了，能不能请哪位替我织件毛衣？你看，这毛线够不够呀？"

曾紫霞从风门口伸出手去，摸了摸那毛线，回头对江竹筠道："小黄买的蜜蜂牌毛线，挺柔和，颜色也不错。"

小黄生怕遭到拒绝，连声说："曾小姐，你先收下吧。要毛线签子什么的，我就送来。"

曾紫霞从江姐微微带笑的目光，仿佛已听到了她带给她的话："织件毛衣之类的事，就和缝补几针之类的事一样，不是什么政治立场问题，做了，还可能进一步了解对方，对小黄作进一步考查……"

"那，这样吧。"曾紫霞从风门口将毛线接了进来，就向对方吩咐道，"小黄，你马上去把毛线签子找来，我找人给你织毛衣。"

小黄连声道谢，去了。一会儿，小黄就将毛线签子送了来。

从此，小黄值班的时候，不仅对女牢房，对男牢房的态度也好多了。

江竹筠密切注视着这个特务的一举一动。她提醒曾紫霞："要多方面了解，多方面做工作。要十分警惕，稍有不慎，就可能带来难以想象的严重后果。但我们应尽一切努力，去寻求了解外边情况、和外边联系的线索……"

曾紫霞托小黄上街时带两份报纸回来。

隔了两天，小黄果然将报纸带了来。按照集中营规定，这里是不允许看报的。所以，小黄送报进来时，是背着其他人，悄悄从风门口送进来的。

曾紫霞几次托小黄上街时买报，他都及时做到了。

小黄值班时总喜欢在女牢门前徘徊。这不仅是因为他总想看看那件毛衣织得怎样了，还因为他实际上也被禁锢在这狭窄的小天地里，也有孤独感，再加上外部世界的变化，给他带来了许多烦恼，因此，很自然地，他有时也特别喜欢和曾紫霞闲聊几句。

小黄有点文化，但他对报纸上刊载的许多事情，却总是看不懂。曾紫霞每次看过报纸之后，就问他，他说不明白。曾紫霞就耐心地一一给他讲，说国民党反动政权很快就要垮了，国民党军队在三大战役中失败之后，已经没有军事实力能和解放军较量了，它哪里也已不可能守住；说即使它发行银圆券，物价还是会暴涨，国民党的统治会一天天垮下去……小黄由不大注意听，慢慢地，竟听得十分专注，不能不佩服地连连点头。

"江姐，我想试着叫小黄带信呢！"曾紫霞终于开口向江竹筠征询意见似的说道，"这，当然是一般的信。你看，可以吗？"

"可以。"江姐叮咛道，"在信上要把他的身份告诉对方，也让外边收信的人注意。"

按照集中营的规定，看守人员是绝对不允许替人传信的。但是，曾紫霞向小黄提出带信的要求时，小黄还是毫不犹豫就接受了。

女牢替小黄织毛衣这事，不知怎么张扬了出去，不仅来女牢求织毛衣的看守特务多了起来，最后连看守所所长、警卫连连长的太太们也有公开求女牢绣枕头、织毛衣的。这样一来，女牢房来自外部的各种信息，自然逐渐多了起来；女牢房自然还会从这些劳务工作中取得一点微薄的报酬，而且，还可以很方便地托这些人替她们买一些必需的生活用品，进一步开辟种种伸向外边的联系渠道。

正是在这种情况下，江竹筠希望能给一些同志制作棉背心的难题，居然不用几天工夫就解决了。女牢房的战友买回来了布料、棉花之后，大家动手，几个昼夜，就把十来件棉背心制作了出来，送给了男牢房里急需它过冬的战友。

江竹筠一心想着的和外边联系的线索也一步步地在扩大。

男牢房的战友想和集中营警卫连的负责人接触。江竹筠觉得，不妨试一试。

按照集中营的规定，看守特务和警卫连之间是互相监视的关系，看守特务是管狱内事务的，警卫连是监视狱内一切活动的，双方以狱墙、电网为界，互不联系，互相监视。现在，通过看守特务约请警卫连负责人在集中营里接触，这显然是一件很难做到的事。

但这件事，经过多次试探，居然也做到了。

时局的迅猛发展，使江竹筠强烈地意识到：接通和外面组织上的联系已迫在眉睫，否则，一切都太晚了。

对现有的这些关系的可靠性究竟如何，能够信任到什么程度，必须认真加以核查，才能最后确定。但这核查工作，究竟应在何时、从何处开始呢？

这，可又成了她必须迅速解答的难题了。

必须加以比较和迅速决策。唯一的办法，只有从现有的线索中去寻觅，找到一条把握较大、危险最小的线索去碰撞……

想到这里，江姐的思绪才又变得平静了些……

# 决　策

江竹筠、曾紫霞、李青林坐在一起,都正为同一难题而苦恼。

江姐已经将自己的想法说了出来。李青林的手抚摸着她那条在阴天总是隐隐作痛的断腿,久久沉思着,没有言声。在李青林看来,已经没有别的选择了,也许,就只有按照江姐的主意去做。尽管这既可能是机遇,也可能是危险和牺牲,却又别无他途。

曾紫霞却显然持有强烈的保留意见。她理直气壮地侃侃而谈:"江姐说,以后女牢尽可能少和小黄联系,特别是托买一些生活用品的事,尽可能不再找他,叫他多和男牢房的战友直接联系。我认为,这样做完全正确,既可避免暴露,也便于加强和外边联系的工作。江姐提出,对小黄还要进一步考查,我也赞成。不过……"

"紫霞，你是觉得用江姐提出的对他考查的办法不好？"李青林将分歧挑明了。

"对。我就是这个意见。不错，是应该、也可以挑选一个重要的关系，让小黄去送送信，选任何人、任何关系都可以，怎么就只选江姐你的这个关系？！"

"紫霞，"江姐轻声向曾紫霞问道，"你是担心这会给我带来什么危险吧？"

"嗯。"

"那，你想想，即使有个什么，能给我带来什么大不了的危险？敌人早已知道，他们不可能从我这里得到什么。但如果真这么做了，小黄能将我这样一封信带出去，又不会出什么问题，我们不是就可以进一步从此打开和外边联系的渠道了吗？"

"不，江姐。"曾紫霞显然还并不信服，争辩道，"我前天不是还向你讲过一个外边的重要关系……"

"那关系我早记住了，紫霞，还是让小黄先给我送这封信吧！你前天还问我：'为什么总把危险留给自己？'我可要说：'只能这样。我早已置身重重危险之中，已经再没有什么危险了。'小黄这次替我带信，如果完全成功，下一次就启用你说的那个关系好不好？"

曾紫霞还想争辩，但抬眼瞥见李青林似已完全赞同江姐的主意，也就觉得再没多少话可说。

"青林，"江竹筠却向李青林征询意见道，"你说说你的意见，好吗？"

"这件事,我也想了许久了。不过,从目前情况看,还只能照江姐的意见去做才好。从今以后,女牢和小黄的联系宜减少到最小限度。我建议,女牢和其他人的联系,为避免暴露,均应以个别接触、单线联系的方式进行为妥。江姐找小黄带信的事,紫霞可以避开,让江姐单独和他谈。"

"对,我也是这么想的。"江姐拍拍曾紫霞肩头,"紫霞,你说咧?"

"我同意。"

三人意见终于完全统一了起来。这件事,也就这么定下来了。

# 送　别

一九四九年渣滓洞集中营的夏季,再次使这里的每间牢房成为"火炉"。炎热的夏风,卷进这深陷在山谷中的狭窄牢房,逼得人透不过气来。

蝉鸣不已。不知藏身在哪里的蝉,总是嘶鸣不已。

多日不在女牢门前露面的小黄,看见曾紫霞在牢门口向外眺望的时候,踱到女牢门口,向曾紫霞说了一会儿话,就又到别处巡逻去了。

见小黄走远了,曾紫霞才心事重重地向江竹筠、李青林躺卧着的地方走去。

"紫霞,说,出什么事了?"江姐问她。

"小黄听说,我可能要被送走了。"

"会去哪里?"

"说是白公馆,就是国锪、小罗现在被囚禁的监狱。还有一个传说,说,可能让我恢复自由,放了我。"

"还听说了什么?"

"国锪在香港做银行经理的五哥,专门坐飞机回重庆,找过徐远举,还叫国锪去二处谈话,都不曾使国锪动摇。还说,蒋介石隐退之后,将西南长官公署主任一职交给了他的亲信张群,张以川籍人身份四处拉老乡关系,希望由此得到一些支持。但许多人又对张发出警告:你不能把四川人的子弟杀多了啊!张为了应付场面,特地向二处打了招呼……由此,已经放了些人。我也可能因为这原因被释。"

江竹筠、李青林的目光交织在了一起。她们的看法似已完全一致。但江姐却向曾紫霞问道:"你觉得,有这个可能吗?"

曾紫霞迷惑不定地摇摇头道:"我不相信真有这种可能。"

"不,紫霞,依我看,这完全可能!"江姐像对着曾紫霞,也像对着李青林和自己说,"紫霞,想一想,需要我们马上准备什么?我们不是早就想和外面进行联系吗?"

一句话,仿佛竟使曾紫霞的思想豁然开朗,她连声道:"是。万一真是这样,怕我们还来不及咧!"

三个人立刻分头准备去了。

江竹筠又回到了她那狭小的角落。她迅即找出了笔,在自己面前摊开了几页纸。她想，这是一个极其难得的机会，也许，这样的机会很难再有了。她已没有了其他的亲人，云儿两岁多了。她应该给云儿有个交代呀！她也应该给为抚育云儿耗费了不知多少心血的同志说几句什么。要是紫霞能将这信带出去，她应该坦诚地告诉她："来友是我很好的朋友，不用怕，盼能坦白相谈。"

笔落在纸页上，发出唰唰的声响。

江姐想，她已没有更多时间去写，只能把胜利可能很快就会到来的形势，用几句话就告诉对方。她也应如实将最坏的情况，同样只用几句话就告诉对方。

泪水渐渐遮没了视线。江姐用手拭去了眼眶涌流的泪水，继续写道："……假如不幸的话，云儿就送你了，盼教以踏着父母之足迹，以建设新中国为志，为共产主义事业奋斗到底。"

该写的一切，似已写完了。但江姐搁下笔，将匆促写成的信看了一遍，又提起笔来，在信尾又添上了一句话："孩子们绝不要娇养，粗茶淡饭足矣。"

"哦哦，哦哦哦哦！"

急遽的竹梆声忽地又在空际传来，山鸣谷应，响成一片。

江竹筠抬眼向外瞥去，只见正对女牢高墙外一个岗亭上的岗哨，一手握住在阳光中闪亮的枪，一手正敲击着岗亭上的竹筒！

又听见汽车沙沙驶来的声音。转瞬间，便又已听见车子在车场停下的声响。

兴许，这就是很快要将曾紫霞带走的车子。

曾紫霞仿佛这时也早有这种预感。她惶惑的目光，向这狭窄的、总是使人感到窒息的牢房扫视了一下，心底却忽地升起了一种不忍就这么离去的复杂感情。她蹒跚地移动脚步，向江竹筠的铺位走去。她还没走两步，江姐已来到她身边。

"江姐，真的会叫我走吗？"曾紫霞无力地抓住江竹筠的双手，"我，可真舍不得就这么离开你们啊！"

"不，紫霞，把眼睛看着我！"江姐轻声对曾紫霞说道，"你不是说过，你愿意尽一切努力，替我给云儿带去一封信吗？"

"是，我愿意。不过……"

"紫霞，别说了。假如你去了白公馆，请把我的问候带给国锭、小罗，带给那边那许多坚强无畏的战友们。假如你能出去，你能不能替我把这信带出去？替我看看我们的孩子——云儿？"

曾紫霞一时间激动得眼泪簌簌掉下来了。她忙用手拭去了滚落的泪珠，连声说："江姐，我怎么会不？一定，一定去。"

江姐把刚才写的信交给曾紫霞，让她秘密收藏好。又向曾紫霞叮咛道："一路上，处处小心！"

"江姐，请放心。你的信，我一定会设法安全送到。我还向你保证：假如我真有可能出去了，我一定想法将你们和外边组织上的联系尽快建立起来。"

"紫霞，听我说，假如你真出去了，你替我送封信就行了，和外边组织上联系这件事，你却千万不要直接去插手！紫霞，你要有个极清醒的估计才好：你一出去后，敌特可能就会在你身后盯上了

'尾巴'。注意，警惕给外边的同志带去危险。如有适当机会，将这里的情况向组织上报告，这当然也是可以的。"

院坝边的黑门开了。

一个特务来到女牢房门前，将手中提着的一串钥匙在空中哗啦抖了一下，便将牢门上的锁打开，叫道："曾紫霞，把东西带出来，走！"

"忙啥子！"曾紫霞大声对牢门外说道，"不许进来，在外等着。等我把衣服换了，把东西收拾好了，再走。"

"快点！"特务不耐烦地在外回应了一句，便走开了。

其实，曾紫霞根本就无心换衣服。她被捕时带来的一点衣物，早收拾好了。凡是别人用得着的，她早已留在了一边。她用这样的话语，将特务哄走，只是还想和江姐、和李青林、和同牢的战友说几句话，只是还想知道别的战友对她是否还有别的嘱托……

# 胜利和牺牲同时来临的时刻

送走紫霞以后,江竹筠才朦朦胧胧地想起:她在这里竟已度过了自己的二十九岁生日。

没有时间回忆往昔的岁月,眼前需要思量的事情还太多。

曾紫霞走了。三天后,她去哪儿了?七天后,可能甩掉"尾巴",见到云儿了吧?但愿她能永远甩掉"尾巴",回到党的怀抱!

云儿的照片,不知经过多少曲折,竟已辗转传到她手上来了!这是多么令人兴奋、难忘的一刻啊!

小黄陆续传来了消息:曾紫霞确已恢复自由。还说:蒋介石已来到重庆,就住在歌乐山上的林园。

小黄还带来一张重庆出版的报纸。报上,就公开报道有蒋介石到重庆市区"视察"的新闻。说重庆繁华市街上空曾悬挂有"欢迎蒋委员长重返第二故乡"的大标语，但蒋介石的座车没有经过那里，就仓促驶去了市区西北郊外的林园。

渣滓洞集中营出现了一系列变化：每天放风的规定没有变，但放风时间明显地变短了；监视集中营的岗亭上的枪口增多了；原来的警卫连撤走了，换来了一些完全陌生的面孔；一大包一大包的档案堆放在靠近女牢的后院，被点火焚烧，在空际卷起滚滚浓烟。

深夜里，即使是弥漫着密云浓雾的夜里，穿破云雾夜航的飞机却总是不断在空际掠过。

这星星点点的变幻，使江竹筠明显地察觉到，一个伟大的人民就将胜利的时刻，已正悄悄来临！

小黄留下的只言片语——"一切都是奉命行事"，"中美合作所培训的爆破大队，已奉命由杜长城率领，从台北空运到重庆来了"，都进一步证实了江竹筠的这个判断。

由此，江竹筠不能不想得更多一些。她和李青林、和男牢房的战友都曾讨论过，都认定：外面的同志们早已注意到了这种变化。组织上肯定对这里的情况已有相当的了解，并已做出相应的有关营救的计划。人员可能已早有安排，时机一旦成熟，就会立即采取行动，突然对中美合作所集中营发起攻击，配合这里的同志越狱脱险！毫无疑问，关键是时机选择适当，最好的时机是在解放前夕，敌人开始溃逃之时，但何时才是这时候呢？

这是最难判断的。但李青林、男牢房战友们的看法和江竹筠的看法，在这一点上，都是完全一致的。这就是，这一天已正一天天接近了！也许，明天就是这伟大的胜利来到山城重庆的历史时刻！

秋凉了。

陈然等战友在大坪被害的消息，使他们有了胜利可能和牺牲同时来临的预感。

集中营警卫人员的频繁调动，使她们更从浓雾密云笼罩下的牢狱中嗅出了血腥味！有时候，集中营竟一连几天不再放风了。

连绵的阴雨天之后，天气变得非常晴朗起来。

"哪哪，哪哪哪哪！"

今日的竹梆声显得特别急促。竹梆声还未结束，一部吉普车和一部卡车已忽地在渣滓洞集中营外停了下来。

院坝边的黑门开了。看守所所长李磊满脸堆笑地走进了院坝，后面跟随着一大批特务。李磊伸手向空际一挥，大声宣布："大家不要慌，听着！奉上峰命令，一些人要转移地方，搬到别的看守所去。叫到名字的，请立即做好准备，出来！"

还在自己铺位上草拟学习材料的江竹筠，一听见叫她的名字，就将那未写完的学习材料不慌不忙地塞在另一个战友的破衣服下面，随即站起身，拿起梳子对着墙上那面破镜，像平常一样地梳着她的头发。

同牢房的人听说江姐要转移，不忍和她分离，都围了过来，但一看到她那样异常平静的表情，心里更加不安起来，有的人忙着帮江姐将她常用的衣物收拾起来。

江姐梳好头发，从枕下取出了她那件洗干净了的、被捕时穿的一身阴丹士林蓝布旗袍，换下了身上穿的那件有着"×"符号的囚服。

江姐又拿出她那件玫瑰色的短毛线衣，将它套在蓝色的旗袍外面。接着，她习惯地用手拍拍身上的灰尘，再理了理旗袍上的折痕。然后，她又弯下身子，将皮鞋上的泥污拭去。

江姐又在镜子前看了一下，就像要去参加什么隆重典礼似的那么庄重。

特务站在女牢门外，大声催促着："快，要转移的人，马上上车了！"

江姐向女牢的战友们深情地看了一眼，就要告别离去。

"江姐，这是你的衣物……"一个女同志将江姐的衣物，包括同志们送给江姐的纪念品，全收拾在一个小布包里。

"留给大家用吧，看见这些东西，就等于看见我一样。"

小布包从同志手中，落在了地上。战友们不禁失声哭了起来。

女牢门外，成群戴着手铐的男同志正通过院坝向院坝边的黑门走去。一路上，他们正挥手向间间牢房的战友告别。

江姐抬眼向女牢里的战友再次深情地看了一眼，像对自己，也像对大家，异常平静地说道："不要用眼泪告别。要勇敢、坚强些！每一个革命者，当面临着最后考验的时候，他都应该，也可以做到——脸不变色，心不跳！"

这时，被敌特撬断了腿、倚着墙壁、正一步步艰难向前移步的李青林，也勇敢地走过来了。江竹筠迎上前去，站在李青林身边，用自己的身躯支撑着她,两人肩并肩地向牢门口走去。

出了女牢门,她们都不禁回转身,同时向她们一同战斗过的牢房和同牢战友看了看……然后,才转过身去,向对面楼上和楼下男牢房的同志们挥手告别……

"同志们,请代我们迎接那伟大的胜利就将来临的时刻吧!"

"江姐!青林姐!"

女牢、男牢楼上楼下每间牢房的门口,这时都聚满了向她们挥泪告别的人群。

他们眼睁睁地看着她们走出了院坝边的黑门。

他们眼睁睁地看着她们和男牢房被押走的战友并肩站在卡车上。

吉普车、卡车,迎着阳光,向前驶去,车子转过山去,便被那阴森的山峰和树林遮没了。

江姐和卡车上三十位不屈的战士,就在这不久之后,全部在中美合作所一处名叫电台岚垭的地方,英勇地牺牲了……

江竹筠自己的故事,到此,似乎已经结束。但在人们心中,它似乎却并没有结束。

云儿正是按照他妈妈的嘱咐,"粗茶淡饭","以建设新中国为志"长大成人的。他曾在重庆巴蜀中学、哈尔滨军事工程学院上学,后来在中国科学院工作,正像他妈妈希望的那样,为新中国奋斗……

成千上万,为江竹筠坚强不屈、为祖国和民族解放奋斗的精神所激励的一代又一代人,他们正在继续写着这个故事……

图书在版编目（CIP）数据

江姐的故事 / 杨益言著. -- 武汉：长江文艺出版社，2022.1
（百读不厌的经典故事）
ISBN 978-7-5702-2199-8

Ⅰ.①江… Ⅱ.①杨… Ⅲ.①江竹筠（1920-1949）－生平事迹－青少年读物 Ⅳ.①K827=6

中国版本图书馆 CIP 数据核字(2021)第 218921 号

江姐的故事
JIANGJIE DE GUSHI

| 责任编辑：梅若冰 | 责任校对：毛 娟 |
|---|---|
| 封面设计：笑笑生设计·张俊锋 | 责任印制：邱 莉 杨 帆 |

出版：长江出版传媒 长江文艺出版社
地址：武汉市雄楚大街 268 号　　邮编：430070
发行：长江文艺出版社
http://www.cjlap.com
印刷：武汉珞珈山学苑印刷有限公司

| 开本：720 毫米×1010 毫米 | 1/16 | 印张：9.5 | 插页：2 页 |
|---|---|---|---|
| 版次：2022 年 1 月第 1 版 | | 2022 年 1 月第 1 次印刷 | |
| 字数：97 千字 | | | |

定价：26.00 元

版权所有，盗版必究（举报电话：027—87679308　87679310）
（图书出现印装问题，本社负责调换）